Der Dichter und sein Haus

Theodor Storm im Jahre 1865. Foto von Rudolph Ström, Husum. Der Dichter wenige Monate bevor er umzog in das Haus Wasserreihe 31.

Karl Ernst Laage

Theodor Storm

Der Dichter und sein Haus

Fünfhundert Jahre Wasserreihe 31 (1472–1972)

Vierzig Jahre Storm-Museum (1972–2012)

BOYENS

Herausgegeben in Zusammenarbeit mit der Theodor-Storm-Gesellschaft von Heinrich Detering und Christian Demandt.
Gefördert von der Kunststiftung HSH Nordbank im Rahmen des Projekts: „Landessprachen: Literatur in Schleswig-Holstein".

KunSt.
Kunststiftung
HSH Nordbank

BOYENS
BUCHVERLAG

ISBN 978-3-8042-1373-9

Herstellung: Boyens Buchverlag
Gestaltung: Dörte Kromrei
Druck und Bindung: Beltz Bad Langensalza GmbH
Printed in Germany

Inhalt

I Vom Kaufmannshaus zum Bürgerhaus und Dichterhaus

Einleitung

Das Haus in der Husumer Wasserreihe, das heute den Namen Theodor Storms trägt, gehört zu den ältesten Häusern der Stadt; es ist in seiner Frühform über 500 Jahre alt. Die Geschichte des Hauses hält Stoff für Novellen bereit, wie Storm sie in diesem Hause dann wirklich geschrieben hat. Der Dichter und Jurist, der das Haus Wasserreihe 31 im Jahre 1866 erwarb, wusste das sehr genau. Ohne die besondere Atmosphäre dieses Gebäudes, das die Geschichte der grauen Stadt am Meer miterlebt hat und in dem diese Geschichte selber Stein geworden ist, wäre vieles von dem, was wir heute mit Storm verbinden, vielleicht nie entstanden. Darum muss die Geschichte Theodor Storms und seines Hauses lange vor Storm beginnen.

Das Kaufmannshaus (1472–1830)

Die „Wasserreihe" war ursprünglich die Häuserreihe, die am Husumer Hafen (am „Wasser") parallel zur Hafenkante verlief. Die heutige „Hafenstraße" ist späteren Datums. Das bestätigt eine alte Stadtansicht mit dem Ausschnitt aus dem Plan der Stadt um 1692; damals ist die Hafenstraße noch unbebaut (vgl. Abb. 1). Die „Wasserreihe" lag also direkt am

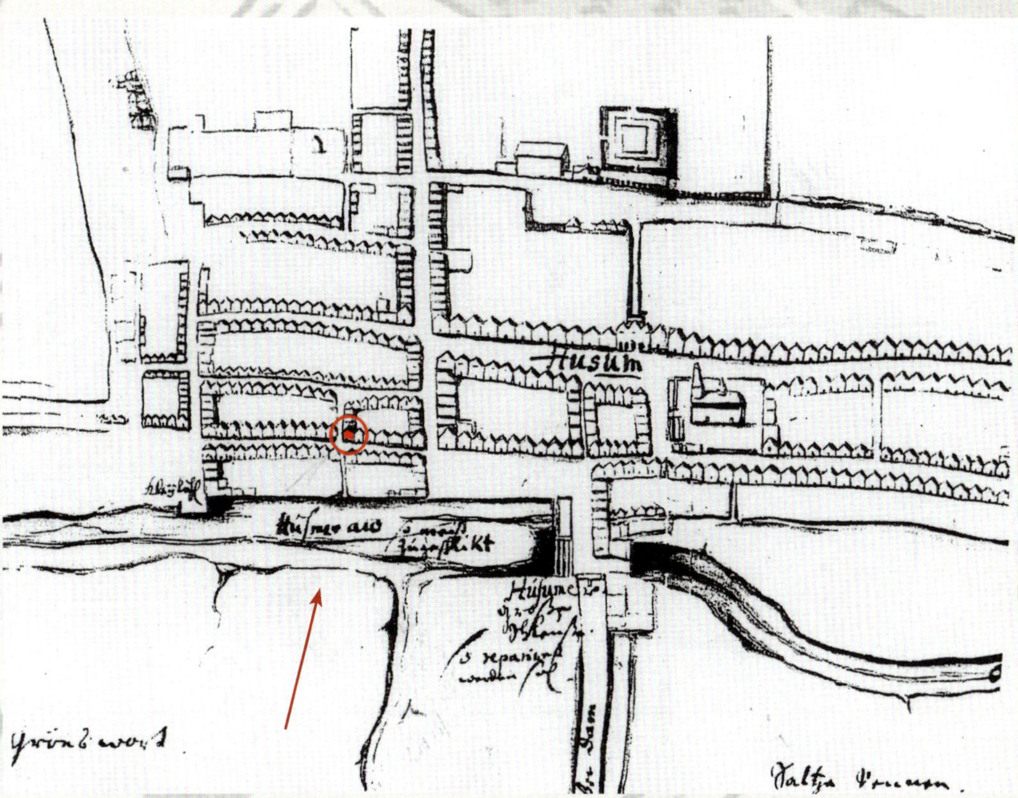

1. Ausschnitt aus dem Plan der Stadt Husum von 1692 (Feder- und Pinselzeichnung: LA Schleswig). Das Storm-Haus: auf der Ostseite der „Wasserreihe“, an der Ecke zum „Hafengang“, der vom Hafen zur Wasserreihe und dann auf die Rosenstraße und in die Stadt führt.

Wasser, am Rande des auslaufenden Geesthügels, auf dem Husum erbaut ist. So steht das heutige Storm-Haus genau dort, wo die beiden großen Landschaftsformen Nordfrieslands aneinandergrenzen. Als vor einigen Jahren Arbeiten an den Feldsteinfundamenten des Storm-Hauses durchgeführt werden mussten, kamen unter den Feldsteinen sandige Geestrandschichten zum Vorschein.
Das Grundstück Wasserreihe 31, nach der alten Zählung: V. Quartier, Haus Nr. 46 und Nr. 47 (heute Garten), lag als Kaufmannshaus an einer herausragenden Stelle innerhalb der Ordnung des mittelalterlichen Hafenortes: an der Ecke des vom Hafen in die Stadt führenden „Hafengangs" und in der parallel zum Hafen verlaufenden „Wasserreihe", also dort, wo sich die Bereiche des Hafens und der Kaufmannsstadt berühren, in der Nähe des Hafens und doch weit genug von der damals noch unbefestigten Hafenkante entfernt.

Das Grundstück Ecke Wasserreihe/Hafengang war bereits 1472 bebaut. Das ergibt sich daraus, dass Storm für sein Grundstück noch die 1472 von König Christian I. verhängte „Rebellensteuer" bezahlen musste. Die „Rebellensteuer", auch „Erdheuer" genannt, war ein Teil der Strafe, die der dänische König Christian I. über die aufsässigen Husumer verhängt hatte[1], weil sie – reich und übermütig geworden durch den florierenden Getreidehandel mit der großen Insel „Strand" – den Aufstand des Grafen Gerhard von Oldenburg gegen den König unterstützt hatten. In dem „Hebungsregister" von 1853, das Chr. U. Beccau veröffentlicht hat[2], sind die Namen und Grundstücke von 114 Steuerpflichtigen, darunter der Gärtner Asmus Livony als Vorbesitzer des Hauses, und in der Liste von U. A. Christiansen[3] ist der „Oberamtsrichter Th. W. Storm" als Steuerpflichtiger für Haus Nr. 46 und 47 (Gar-

2. Im Treppenaufgang des Storm-Hauses: Geländer verziert mit feingliedrigen Sägeornamenten aus der Zeit der Erbauung um 1730.

3. Bei Reparaturarbeiten an der Fassade des Storm-Hauses (zweites Fenster) sichtbar: Rundbogen vom ursprünglichen vorderen Eingang des alten Kaufmannshauses.

ten), also für Wasserreihe 31, angegeben. Storm musste die Rebellensteuer bis 1875 bezahlen, bis sie von der preußischen Verwaltung aufgehoben wurde.
Das Haus Wasserreihe 31 stammt also aus der Frühzeit Husums, aus der Zeit, als Husum die Stadtrechte noch nicht erhalten hatte und nur mit den Privilegien der unteren Gerichtsbarkeit ausgestattet war. Damit gehört das Haus Wasserreihe – Ecke Hafengang zu den ältesten Häusern der Stadt; es ist über 130 Jahre älter als das alte Rathaus am Markt, das 1603, in dem Jahr, in dem Husum die Stadtrechte erhielt, errichtet wurde.
Aus dieser Frühzeit des Hauses sind nur die Namen einiger Besitzer bekannt: 1588 Klaus Nymann, 1598 Nommen Edlefsen und dann sein Sohn Berent Nommensen und 1620 Hans Niemann. Das 1472 auf diesem Grundstück nachgewiesene Haus aber ist wahrscheinlich nicht das heutige Storm-Haus, sondern muss ein einfacheres und kleineres, auf Feldsteinen erbautes Wohnhaus gewesen sein. In dem aus Feldsteinen errichteten und nur teilweise ausgebauten altertümlichen vorderen Keller des heutigen Hauses allerdings ist wahrscheinlich – das muss noch verifiziert werden – der Keller des alten Hauses erhalten.
Das auf den alten Fundamenten errichtete heutige Haus Wasserreihe 31 stammt aus der Zeit zwischen 1730 und 1750. Das zeigen einige wunderbar erhaltene Teile der inneren Ausstattung: Die alten kunstvoll gestalteten Türen mit ihren massiven Messingschlössern, mit den geschnitzten, dem Rokoko nahestehenden Füllungen, und auch die feingliedrigen Sägeornamente des Treppenaufgangs sprechen dafür (Rokoko: 1720–1770, vgl. Abb. 2). Nach Angaben der „Contributionssetzungsregister" der Stadt Husum sind für das Jahr 1733 der Branntweinbrenner Hans Cosmus und 1758 seine

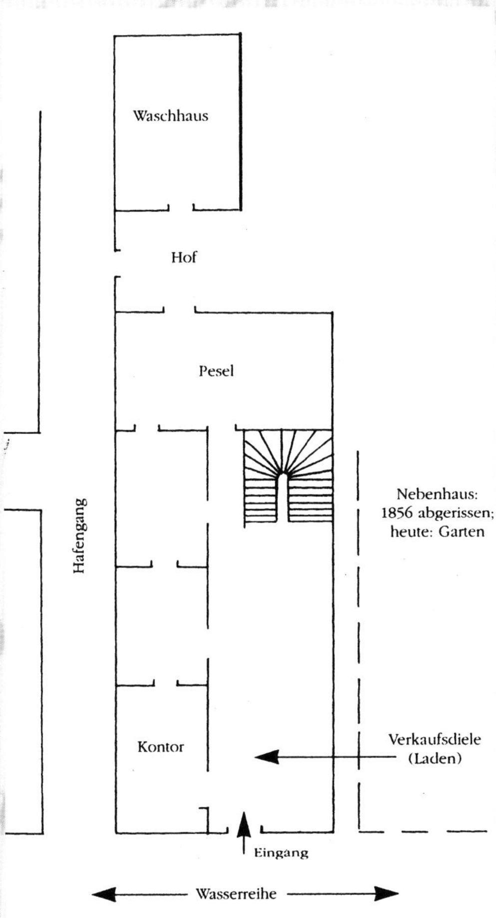

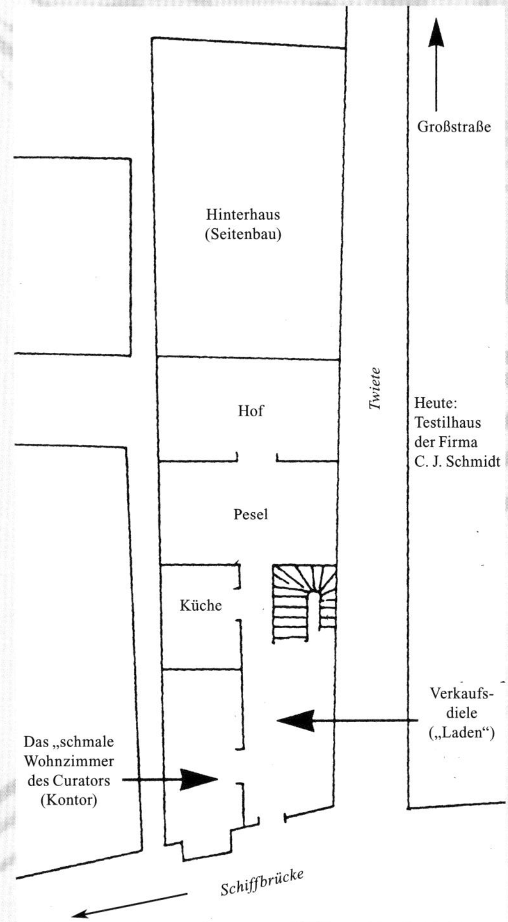

4. Grundriss des Hauses Wasserreihe 31/ Ecke Hafengang als Kaufmannshaus (1730–1830) (Rekonstruktion: Dr. Laage)

5. Grundriss des Hauses Schiffbrücke 16/Ecke Twiete, des Urgroßvaterhauses (erbaut: 1744, Umbau: 1815). Rekonstruktion nach Angaben der Novelle „Carsten Curator".

Witwe als Besitzer des Hauses verzeichnet. Auch ein „dahinter liegendes Brennhaus" wird erwähnt.[4] Hans Cosmus könnte also der Erbauer des Hauses sein. Er muss ein sehr vermögender Mann gewesen sein[5], denn das Haus hatte 10 Zimmer und einen Zuschnitt, wie wir ihn nur aus vornehmen Bürgerhäusern kennen: Durch eine Rundbogentür (in der heutigen Straßenfront: 2. Fenster von rechts, vgl. Abb. Nr. 3) trat man ursprünglich von der Straße in eine große Diele (das heutige „Viola tricolor"-Zimmer), die als Verkaufsraum diente und direkt auf den Flur und auf das breite Treppenhaus führte; links lagen zwei durch Türen zugängliche Kontorräume; hinter dem Flur lag der mit Fliesen ausgelegte „Pesel" (heute Vortragsraum) mit einer besonders schönen alten Doppelflügeltür und mit einem Ausgang zum Garten.
Der Grundriss des Hauses Wasserreihe 31 entspricht damit den Grundrissen anderer alter Kaufmannshäuser in Husum, z. B. dem Stormschen Urgroßvater-Haus an der Schiffbrücke/ Ecke Twiete, das auch Vorbild gewesen ist für die Schauplätze in den Novellen „Carsten Curator" und „Immensee"[6] (vgl. die Grundrisse Abb. 4 und 5).
Das Parterre des Hauses Wasserreihe 31 war durch einen großzügigen Treppenaufgang mit der oberen Etage verbunden (so original bis heute erhalten). Im oberen Stockwerk, in der so genannten Beletage, lag zur Straße hin ein lichtheller „Saal", der repräsentativen Zwecken diente und in dem Familienfeste gefeiert wurden; die schöne zweiflügelige, im oberen Teil kunstvoll verglaste Tür, die in den „Saal" hineinführt, und die davor liegende kleine „Geschirrstube" stammen aus dieser Zeit (dies wurde später nach dem Umzug ins Obergeschoss das Wohnzimmer der Familie Storm) und dokumentieren einen Besitzer bzw. Erbauer, der vermögend war und seinen Wohlstand demonstrieren wollte. Auch der

6. Geschnitzte Tür im Storm-Haus (Rokoko-Stil um 1730) mit massivem Messingschloss und Messinggriff.

7. Doppelflügelige Tür im Storm-Haus (neoklassizistischer Stil um 1830) mit einfachem Schloss und Holzgriff.

geräumige Hausboden mit seinen 6 kleinen Lüftungsluken im Giebel, wo größere Mengen Naturalien, z. B. Korn und Malz, gelagert werden konnten, spricht dafür.
Nach der Wende vom 18. zum 19. Jahrhundert, von 1814 bis 1852, war der Branntweinbrenner und spätere Zichorienfabrikant (seit 1825) Peter Christian Schmidt der Besitzer des Hauses. Ihn hatte Theodor Storm offenbar vor Augen, wenn er in seiner Novelle „Ein Doppelgänger" von einem „vielgeschäftigen Bürger" spricht, der auf den Feldern nordwärts der Stadt den „Zichorienbau" betreibt. Er hat das Haus – wie Storm später, nach der Besichtigung des Hauses, festgestellt hat (an Constanze 17.3.1864) –„vortrefflich zurecht gebaut"; „die alten Hintergebäude sind jetzt Garten, Hühnerhof, Waschhaus, Pumpe und Weichwasserbehälter; die frühere große Außendiele ist jetzt ein schönes Wohnzimmer, an das sich Tür an Tür noch drei andre schließen; oben, weniger zurechtgebaut(,) außer einer Schlafstube, sind fünf geräumige Zimmer. Alles, was sich eine Hausfrau an Bequemlichkeit wünschen kann, ist vorhanden; in einer Stube auch Gas."
Der Zichorienfabrikant Peter Christian Schmidt hat also (etwa um 1830) das Kaufmannshaus umgestaltet zu einem bürgerlichen Wohnhaus und dabei die „große Außendiele", den Verkaufsraum, in ein „schönes Wohnzimmer" verwandelt (das heutige „grüne" „Viola tricolor"-Zimmer). Die Tatsache, dass hier die alten geschnitzten Rokoko-Türen ersetzt worden sind durch neue doppelflügelige Türen, die eindeutig dem strengen neoklassizistischen Stil zuzurechnen sind (vgl. Abb. 6 und 7), bestätigt, dass der Zichorienfabrikant Schmidt, der von 1814 bis 1852 Besitzer des Hauses war, vom Geist der neuen Zeit ergriffen, die Modernisierung der „großen Außendiele" vorgenommen hat (Zeit des Klassizismus in Deutschland: von etwa 1770 bis 1830).

Das Bürgerhaus (1830–1866)

Im Jahre 1853 hat der aus Sonderburg, dem heutigen Sønderborg, stammende Gärtner Asmus Livony das inzwischen zum reinen Wohnhaus umgebaute Kaufmannshaus Wasserreihe 31 (früher 46) erworben. Er hat 1857 das Nachbarhaus (Nr. 47) gekauft und abreißen lassen, und er ist es dann wahrscheinlich gewesen, der neben seinem Haus einen Garten angelegt (den einzigen Garten an einem Haus in der Wasserreihe!) und den Vordereingang des Hauses (2. Fenster von rechts) durch einen neuen Eingang vom Garten her ersetzt hat. Von ihm bzw. von seiner Witwe hat 1860 der ehemalige dänische „Kriegskanzleisekretär" und spätere „Zollinspektor" J. von Astrup das Haus gekauft. Wie neuere Untersuchungen ergeben haben[7], hat Astrup sein Haus Wasserreihe 31 im Frühjahr 1864 dem Husumer Bürgermeister Friedrich Feddersen Stuhr vermietet (dieser hatte seine Frau im Kindbett verloren und Dorothea Jensen, Storms 2. spätere Frau, als Haushälterin eingestellt).
Als Storm nach der Umwälzung der politischen Verhältnisse aus dem Exil nach Husum zurückkehrte (März 1864), hat er auf der Suche nach einem Haus für seine 10-köpfige Familie (Theodor, Constanze, 6 Kinder, 2 Hausmädchen) dann doch nicht das „vortrefflich zurechtgebaute" (s. o.) Haus Wasserreihe 31 gemietet, sondern das „Predigerwitwenhaus", Süderstraße 12. Er hat auch die Gründe dafür angegeben (an Constanze, 3.4.1864): Das Haus Süderstraße 12 habe zwar „große Mängel", aber auch „Vorteile": „lauter neu gestrichene Dielen etc., trocken und freundlich, geräumiges Zimmer für Dich nach Süden ..., ein geräumiges Zimmer für mich, das Haus für uns allein, eine Commüne", also die Stadt Husum, die das Haus „vorzüglich unterhält"; außerdem sei es „100 Mark" billiger.

Vom Kaufmannshaus zum Bürgerhaus und Dichterhaus

Schon bald allerdings beklagt Storm, in seinen Briefen an seinen Berliner Freund Ludwig Pietsch vom 10. und 21. August 1864, die „Beschränktheit" und „Engheit" der Räume im Hause Süderstraße 12, zumal Constanze ihr „siebentes Kind" erwarte (an Pietsch, November 1864). Im Spätherbst des Jahres 1864 kommt deshalb das Haus Wasserreihe 31 wieder ins Gespräch: Storm erwägt, aus der Süderstraße in das Haus Wasserreihe 31 umzuziehen, aber er ist nicht bereit, dem Besitzer des Hauses J. v. Astrup „275 M. Miete mehr zu geben" als für das Haus in der Süderstraße, und „zum Hauskauf" könne sein Vater zur Zeit „für das bevorstehende Jahr kein Geld" zur Verfügung stellen (Brief an Constanze 28.11.1864). Es ist also um diese Zeit (im November 1864) nicht zu wirklichen Verkaufs- bzw. Mietverhandlungen gekommen. So ist das Haus Süderstraße 12 noch bis Oktober 1866, also noch nach Constanzes Tod (20.5.1865) und nach der Neuverheiratung mit Dorothea Jensen (13.6.1866) das Wohnhaus des Dichters geblieben.

Dass das schöne alte Gebäude Wasserreihe 31 dann doch das Wohnhaus des Dichters wurde, hatte verschiedene Gründe: 1. Der Mieter des Hauses, Bürgermeister Stuhr, hatte Mitte des Jahres 1866 gekündigt und war nach Flensburg verzogen. 2. Dorothea Jensen (Storms zweite Frau) hatte als Haushälterin in diesem Hause gearbeitet (vgl. Anm. 7) und hatte offenbar die Bequemlichkeiten und die Großzügigkeit des Hauses kennen und schätzen gelernt. 3. Storm selbst wurde es schwer, mit seiner zweiten Frau in demselben Haus zu leben, in dem Constanze gestorben war, er wollte in einem neuen Haus einen neuen Lebensabschnitt beginnen. 4. Im Haus Wasserreihe 31 herrschte eine altbürgerliche Atmosphäre, wie er sie aus dem Urgroßvaterhaus erinnerte und liebte (vgl. die Grundrisse Abb. 5 und 6).

Das Dichterhaus (1866–1880)

Im April 1866 hat Storm das Haus Wasserreihe 31 von dem Zollinspektor J. von Astrup mit finanzieller Hilfe seines Vaters gekauft, und Anfang Oktober 1866 ist er aus der Süderstraße in die Wasserreihe umgezogen. In Briefen des Dichters aus dieser Zeit erhalten wir ein anschauliches Bild vom Umzug aus dem Haus Süderstraße 12 in das Haus Wasserreihe 31 (Zimmer-Nummern: wie im heutigen Museum).

Theodor Storm um 1867 (Stich von G. Hever u. Kirmse)

An Schwiegervater E. Esmarch am 30. Oktober 1866:

> „Wir sind hier denn seit 9. des Monats in unser neues Haus eingezogen, bewohnen aber nur die Obertage, bestehend aus einem geräumigen Wohnzimmer <Nr. 7> nebst kleinem aber nicht heizbaren Vorzimmer <Nr. 6> … Die drei untern Zimmer, die wir künftig bewohnen werden <Nr. 1, 2, 3> werden gemalt und tapeziert, die etwas feuchten Außenwände mit Holzspantapete überzogen, es wird wohl 4 Wochen dauern, ehe wir einziehen können. Das 4. Zimmer unten <Nr. 4: die Landvogtei>, das an meine Stube stößt <Nr. 3>, ist schon eingerichtet und hat mittels eines von der Küche <Nr. 5> abgenommenen Windfangs den Ausgang zur Quergasse, so daß niemand zur Landvogtei durchs Haus geht. Unten ist überall Gas (11 Flammen.)".

An Sohn Hans am 3. Dezember 1866:

> „Heute abend unter dem Mantel der Dunkelheit haben Ernst und ich unsre Bilder aus der Hohlen Gasse hierher getragen; denn es wird nun ernstlich an das Beziehen der unteren Räume gedacht; ich werde schon in den nächsten Tagen meine Stube <Nr. 3> einnehmen. Ich denke, es

> wird Dir gefallen, die große Stube grün <Nr. 1>, die vordere rotbraun, meine rehfarben mit roten Lilien … <Nr. 3>".

An Ludwig Pietsch in Berlin am 10. Dezember 1866 (mit einer handschriftlichen Grundrissskizze von der unteren Etage; vgl. Abb. 8):

> „Ich sitze jetzt übrigens in einem eigenen sehr wohnlichen und geräumigen Hause. Die unteren Räume, die wir zu Weihnachten beziehen werden – wir wohnen seit dem 8. Okt. oben, wo wir fünf Zimmer, darunter ein sehr geräumiges haben – sind ganz neu gemalt, tapeziert (wovon Proben beifolgen) etc. und das ganze untere Haus mit Gas erleuchtet, durch dessen Qualität Husum exzelliert".

Das Weihnachtsfest des Jahres 1866 hat Storm dann mit seinen Kindern im fertig eingerichteten Haus Wasserreihe 31 gefeiert. Und am „1. Weihnachtssonntag" war die „Familie" (d. h. die Großeltern und die Familie des Bruders) im neuen Haus zu Besuch. Nicht ohne Befriedigung meldet Storm seinem Freund Pietsch nach Berlin (3.1.1867): „Mein Vater aß das erste Stück Brot in meinem Hause."
Allerdings beunruhigten den Dichter die politischen und die ökonomischen Verhältnisse, wie sie sich mit der Angliederung Schleswig-Holsteins an Preußen ergaben (ab. 1. Januar 1867). Schon beim Kauf des Hauses Wasserreihe 31 hatten ihn düstere Ahnungen beunruhigt. In einem Brief vom 12. Mai 1866 (an Pietsch) heißt es: „Ich habe in der Annahme, daß man mich nicht versetzen oder verjagen wird – der preußische Terrorismus ist sonst nicht geringer als der Augustenburger – ein geräumiges Haus gekauft …"

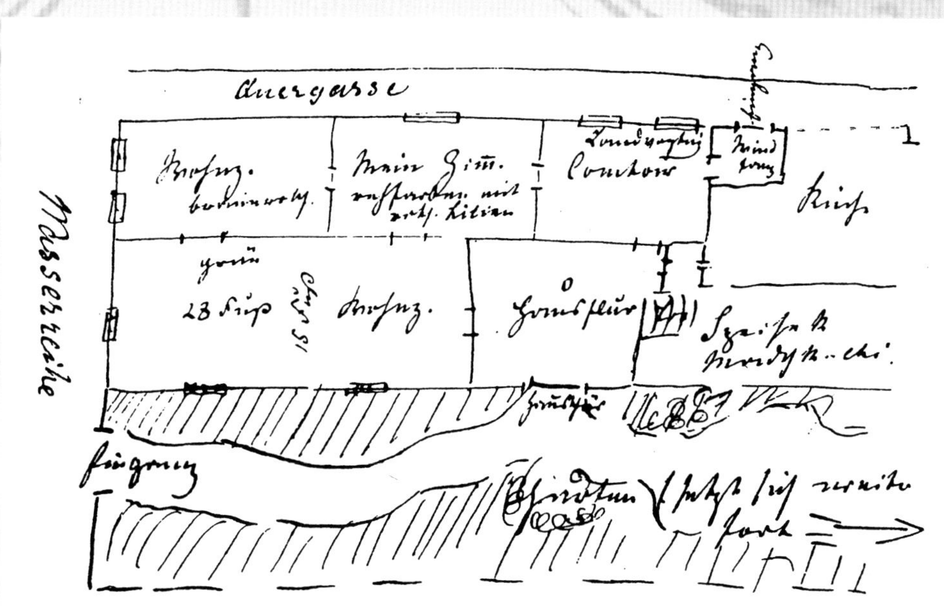

8. Handschriftlicher Grundriss des Storm-Hauses, Wasserreihe 31 (untere Etage mit Garten), wie Storm ihn wenige Monate nach dem Umzug aus der Süderstraße in einem Brief an seinen Berliner Freund Ludwig Pietsch am 10.12.1866 skizziert hat.

Links: Wasserreihe, oben: Quergasse Hafengang; darunter: Wohnzimmer, Mein Zimmer, Landvogtei-Contor, Küche. Unten: großes Wohnzimmer, Hausflur mit Haustür, darunter: Eingang, Garten. Überall von Storm hinzugefügt: die Tapetenfarbe bzw. die Tapetenmuster, die für die betreffenden Zimmer vorgesehen sind.

Nach dem Einzug in dieses Haus fürchtete er, dass sein Gehalt unter dem „Herrn von Zedlitz", dem neuen preußischen Zivilkommissar, und nach der Eingliederung Schleswig-Holsteins in den preußischen Staat (Januar 1867 als Provinz) von 6000 Mark auf „etwa 4200 Mark" fixiert werden könnte.
Er protestierte dagegen und klagte bitterböse und übertreibend: „So essen wir denn in unsrer fetten Heimat, wie einst auf dem mageren Eichsfelde, die Semmeln ohne Butter und trinken den Tee ohne Zucker" (an Pietsch 10.12.1866). Ganz so schlimm kam es nicht (am 5.1.1867 an Pietsch: „man hat mir wenigstens 500 Mark zugelegt").
Aber der Schock, als preußischer Amtsrichter politisch und pekuniär von einem absolutistisch regierten Staat abhängig zu sein, hat den vorher sehr selbständig agierenden schleswig-holsteinischen Landvogt offenbar tief getroffen. Denn bereits Ende Januar 1867, also schon vier Monate, nachdem er aus der Süderstraße in das Haus Wasserreihe 31 übergesiedelt war, und einen Monat, nachdem er das ganze Haus, das heißt auch die untere Etage, renoviert und bezogen hatte, hat Storm einen überraschenden und äußerst radikalen Entschluss gefasst (übrigens mit vollem Einverständnis seiner Frau Dorothea: vgl. an Hans, 28.12.1867): „das schöne Parterre" seines Hauses in der Wasserreihe, das er sich „so behaglich und hübsch zu eigenem Gebrauch" eingerichtet hatte, „zu vermieten" und sich „mit Familie auf die Schlafzimmer nach oben" zu ziehen (so an Pietsch 30.1.1867).
Das war ein überraschender und folgenreicher Entschluss. Ausgelöst wurde der Plan, die untere Etage zu vermieten, möglicherweise von der Tatsache, dass Storm im Zuge der Justizreform (ab 1.1.1868) sein Amt als Landvogt aufgeben und als preußischer Amtsrichter ein Dienstzimmer im Schloss vor Husum beziehen musste. Damit wurde die „Landvogtei",

sein Dienstzimmer im eigenen Haus, frei und konnte vermietet werden (laut Dienstvorschrift hatten die Landvögte ihre „Landvogtei" im eigenen Haus unterzubringen; dafür erhielt der Landvogt einen entsprechenden Zuschuss).
Tatsächlich waren es wohl in erster Linie allgemeine wirtschaftliche Gründe, die Storm veranlasst haben, die untere Etage seines Hauses zu vermieten: Denn sein ältester Sohn Hans hatte im Herbst 1866 das Studium der Medizin aufgenommen, und Sohn Ernst sollte im Herbst 1869 das Jurastudium beginnen.
Vor allem fürchtete er die „allgemein einreißende preußischer Bettelwirtschaft" (an Pietsch, s. o.), hatte Sorgen wegen möglicher Gehaltskürzungen (s. o.), und auch die Mieteinnahmen für die „Landvogtei" fehlten. Außerdem rechnete sich der Umbau: „In der oberen Etage zieht sich die ganze Haushaltung mehr ins Enge und wird wohlfeiler an Heizung, Beleuchtung, Reinmachen, und das Kindermädchen wird sofort entlassen, Wohnstube und Kinderstube liegen dann dicht beisammen" (so an Hans 28.12.1867).
Allerdings war das Vorhaben, aus der unteren Etage in die obere Etage zu ziehen, nicht unproblematisch. In der oberen Etage fehlten der Familie zwei Räume: eine Küche und das Arbeitszimmer für Storm. Es bot sich an, die obere Etage nach hinten zu verlängern und den „Krupboden", den nach hinten hinausgebauten niedrigen Kriechboden, auszubauen. Das erwies sich aber als schwieriger und kostspieliger als gedacht: Das hintere „halbe Haus" musste niedergerissen und neu aufgebaut werden (an Brinkmann 21.3.1868). Außerdem war es nötig, ein eigenes Treppenhaus einzuplanen (man wollte ja nicht durch die vermietete untere Etage gehen): mit einer Treppe nach unten, mit einem Ausgang in den Garten und mit einer Treppe nach oben auf den Dachboden, u. a. zum

Theodor Storm 1868, im Strom-Haus. (Foto von dem Husumer Fotographen Rudolph Ström).

Mädchenzimmer (Treppenhaus im Wesentlichen bis heute erhalten).
So dauerte der Umbau länger als 1½ Jahre. Erst am 3. Oktober 1868 konnte er seinem Freund Pietsch in Berlin melden: „Ich sitze seit ein paar Tagen in meinem neuen Zimmer; geschnitzte Holzdecke, eichener Bücher-Wandschrank, rote Bilder-bedeckte Wand ..."
Storm hat sich in der neu geschaffenen Wohnung sehr wohl gefühlt. Hier sind bedeutende Gedichte und über 20 Novellen entstanden (vgl. dazu S. 34), hier hat er viele Freunde und Bekannte empfangen. In Husum herrschte derzeit – wie Storms Briefen zu entnehmen ist – eine fröhliche Geselligkeit. Einmal – Ende 1879 – berichtet er von sieben Einladungen innerhalb von 14 Tagen (an Ernst 4.1.1880). Die Menschen hier – so meinte er in diesem Zusammenhang – „sind von einer innigen Herzlichkeit gegen uns, die nicht zu sagen ist".
Man fragt sich deshalb, weshalb Storm „seine" Stadt, mit der er so eng verbunden war, in der er so produktive, so schöne und gesellige Stunden verbracht hat, weshalb er „sein" Haus, das er sich so wohnlich eingerichtet, ja, sein Arbeitszimmer, das er sich selbst „gedichtet" hat und in dem so viele großartige Werke entstanden waren, nach seiner Pensionierung verlassen hat.
Storm selbst nennt verschiedene Gründe: Er glaubte, ohne die gesellschaftlichen Verpflichtungen der Kleinstadt als Dichter in Hademarschen freier leben zu können. „Ich gehe", schrieb er seinem Freund Wilhelm Petersen am 29.4.1880, „mit einiger Freude in die ländliche Freiheit", ja, er hoffte, dass seine „strapazierten alten Nerven" bei der „köstlichen Aussicht auf Wald- und Wiesengründe" „so mitten in der freundlichen Natur", „noch einmal sich verjüngen und der Poet noch eine neue Periode" erleben werde (an Karl

23.10.1878). Außerdem glaubte Storm, in Hademarschen „wohlfeiler" leben zu können als in Husum (so an Heyse, Pfingsten 1880). Seine „Kapitalien" hätten seine Söhne „verbraucht" (an Ernst, 6.12.1879). „Mit dem verminderten Einkommen", mit seiner Pension allein, könne er in Husum „nicht leben". „Ich muß also fort", schrieb er seinem Sohn Ernst am 4.1.1880.
Am 22. April 1880 kamen die Möbelwagen (an Petersen 19.3.1880), am nächsten Tag reiste seine Familie nach Hademarschen; Storm selbst bezog vorübergehend ein Zimmer im Schloss, empfing dort am 29. April 1880 seine Entlassungsurkunde und folgte dann der Familie nach Hademarschen. Damit endete die längste zusammenhängende Lebens- und Schaffensperiode Storms, und es begann – wie er seinem Freund Paul Heyse schrieb (Pfingsten 1880) – der „letzte Akt" seines Lebens.

II Der Dichter in seinem Haus (1866–1880)

Eine besonders produktive Lebensperiode Theodor Storms

Theodor Storm hat das Haus Wasserreihe 31, das heutige Museum, von 1866 (Oktober) bis 1880 (April), fast 14 Jahre, bewohnt. Die ersten Jahre in diesem Haus waren für Storm und seine Familie eine unruhige Zeit (1866–1868). Die Jahre waren bestimmt von den Konflikten in Ehe und Familie, die dann in der in diesem Haus spielenden Novelle „Viola tricolor" literarisch gestaltet wurden. Und sie waren äußerlich geprägt von Renovierungs- und Umbauarbeiten: Das Hinterhaus wurde erweitert durch eine Küche, ein Dichterzimmer und ein Treppenhaus mit eigenem Zugang. Storms bewohnten zunächst das ganze Haus, seit 1868 nur die obere Etage; die unter Etage wurde vermietet.

Auch für Storm als Dichter waren die ersten Jahre in diesem Haus eine schwierige Zeit. Es waren Zweifel des Dichters an sich selbst, die ihn beunruhigten: „Ich schreibe nichts mehr"; „ich habe kein rechtes Vertrauen mehr ..., ich bin nicht mehr der Alte, ich habe den größten Teil meiner freudigen Kraft verloren", klagte er in seinen Briefen an Ludwig Pietsch (10.12.1866, 8.11.1867), und seinem Freund Brinkmann gestand er: „Ich selbst bin gesanglos; das Gefühl der Vergänglichkeit ist zu stark in mir; ich bin nicht mehr im Leben heimisch" (29.6.1866). Selbst nach Fertigstellung des „Poeten-Zimmers" meinte er (an Fontane 21.11.1868): „Der darin sitzt, ist kein Poet mehr, nur noch ein Amtsrichter und ein Schulmeister für seine Kinder."

Trotzdem hat Storm in den 60er Jahren eine ganze Reihe

Novellen geschrieben, die von großer Schaffenskraft und Einfallsreichtum zeugen; aber es waren vorwiegend Resignationsnovellen, u. a. die Novellen „Späte Rosen" (1860), „Auf der Universität" (1862), „Abseits" (1863), „Von Jenseit des Meeres" (1864), „In St. Jürgen" (1867) und „Eine Malerarbeit" (1867). Im Schlussteil der Novelle „Eine Malerarbeit" allerdings deutet sich ein Neuanfang an: Dem verkrüppelten Maler gelingt es, ins Leben zurückzufinden: Er erkennt, dass es genügt, das „liebe Ich aus dem Vorder- in den Hintergrund zu praktizieren" (II 398).

An der nächsten Novelle, die 1871, also vier Jahre später, unter dem Titel „Eine Halligfahrt" erschienen ist, wird deutlich, dass Storm die Krise, in der er sich als Dichter befindet, noch nicht überwunden hat: Er will – das ergibt eine Analyse der Novelle – aus den Konventionen und Ängsten der Stimmungsnovelle herauskommen; er sucht einen nüchternen, lockeren und realistischen Stil; Heinrich Heines „Reisebilder" und E. T. A. Hoffmanns Erzählungen sind ihm Vorbilder. Eine Fahrt zur Hallig Süderoog gibt ihm die äußere Anregung. Aber es gelingt ihm nur vereinzelt, den lockeren Heine-Reisebilder-Stil nachzubilden; immer wieder gleitet seine Novelle ab in den vertrauten stimmungsvollen Subjektivismus, den er eigentlich vermeiden will. Er muss seinen Verleger bitten, das Manuskript zurückzuschicken. Aber auch mit der Umarbeitung gelingt es ihm nicht, die realistischen Landschaftsbilder, die beißende Kritik an den „Geheimen-Ober-Gott-weiß-was-Räten" mit den lyrisch-stimmungsvollen Erinnerungen an „Tage, die den Rosen gleichen" zu einer neuen Form der „realistischen" Novelle zusammenzufügen. Er war, nach seinem eigenen Empfinden, auf halbem Wege stehengeblieben.

Zeugnisse, dass Storm in diesen Jahren versuchte, eine realistischere Erzählform zu finden, sind die „Zerstreuten Kapitel", die Anfang der 70er Jahre entstanden sind. Neben Heinrich Heine und E. T. A. Hoffmann sind Anregungen ausgegangen von der unmittelbar vor ihm liegenden Welt (an Mörike 10.11.1870: „Zerstreute Kapitel aus der grauen Stadt am Meer"). Dazu gehörten z. B. die alten Kaufmannshäuser seiner Vorfahren „In Urgroßvaters Hause" (IV, 190 ff.), „In Großvaters Hause" (IV, 203 ff.), aber auch das Haus, in dem er selbst lebte, und natürlich auch die Menschen, insbesondere die Sonderlinge, die in dieser Welt lebten. Diese ganz wirklich vor ihm liegende Welt versuchte er locker und realistisch, ohne „Stimmung" zu beschreiben, z. B. in „Der Amtschirurgus", „Lena Wies", die „Zwei Kuchenesser der alten Zeit". Ohne Zweifel sind diese „zerstreuten" Kapitel Vorläufer für Novellen wie „Beim Vetter Christian" (1874) und „Ein stiller Musikant" (1875).

Erst mit der großen, aus seiner eigenen Arbeit als Jurist hervorgegangenen Novelle „Draußen im Heidedorf" gelingt es Storm 1872 – wie er es selbst ausdrückt (an Kuh 24.2.1873) –, „eine Novelle ohne den Dunstkreis einer bestimmten ‚Stimmung' ..." zu schreiben. Schon in der Eingangsszene werden junge Menschen vorgeführt, die leidenschaftlich miteinander streiten: ein fremdländisches „Slowakenmädchen" und ein junger Bauer, der offenbar aus einer alteingesessenen Familie stammt. Ebenso realistisch ist die Szene in der Gerichtsstube, und zwar in sozialer wie in psychologischer Hinsicht: die „gleichgültige Verdrossenheit des Bauern" kommt deutlich zum Ausdruck, und das Bild, das die Küsterin von den beiden jungen Leuten entwirft, zeichnet leidenschaftlich widerstrebende Temperamente. Der Selbstmord des jungen Bauern ist erkennbar als das Ergebnis eines ‚realistischen' „Dramas einer Leidenschaft auf dem Lande"

9. Theodor Storm im Jahre 1868: Foto Ström, Husum (Storm an L. Pietsch 3.10.1868: „Ich sitze seit ein paar Tagen in meinem neuen Zimmer ...“)

Dorothea Storm geb. Jensen; um 1870/75 im Storm-Haus. Foto: H. Schwegerle, Lübeck

(Storm an Dorothea). Zu bewundern ist neben den realistischen Landschafts- und Menschenbildern die Kunst der Perspektivierung, mit der die Konflikte und die Figuren von verschiedenen Seiten beleuchtet werden, aus der Sicht des Amtsvogts, des Gerichtsdieners und der Küstersfrau. Diese Multi-Perspektivität wird zu einem besonderen Merkmal von Storms späterem Realismus.
Dass Storm es wagte, seine eigenen intimen Eheprobleme zum Thema einer Novelle, der Novelle „Viola tricolor" (1874) zu machen, ist von seiner neuen Auffassung von Dichtung her zu verstehen: Die seelische Innenansicht tragischer Konflikte, die bürgerliche Ehe und Familie, die sozialen Verhältnisse im Alltagsleben der Bürger sind für ihn jetzt mögliche, ja bevorzugte Themen. Storm hat – wie wir wissen – seine neue, seine zweite Ehe an den Rand des Ruins gebracht. Er hatte, wie aus Briefen und privaten Aufzeichnungen hervorgeht, Dorothea die Rolle der „zweiten" Frau zudiktiert (die Kinder durften sie nicht „Mutter" nennen); sie war damit „degradiert" und hat unter dieser Herabstufung so sehr gelitten, dass sie erkrankte. Eigene intime Eheprobleme darzustellen, war ein Wagnis, das sich der Dichter 1871 erlauben konnte, weil er nach dem Umbau (beendet Herbst 1868) sich selbst geordnete Wohnverhältnisse geschaffen hatte. Mit der Verlegung des dichterischen Geschehens in die Räume, in denen er selbst die Probleme gelöst hatte, schaffte er sich die Objektivierung, die die Probleme darstellungsfähig machten. Von den selbst erlebten, ja man kann sagen: von den selbst geschaffenen räumlichen Gegebenheiten des eigenen Hauses: dem Wohnzimmer unten (ursprünglich Diele des alten Kaufmannshauses), dem Schlafzimmer und dem Arbeitszimmer (oben) und dem offenen bzw. geöffneten Garten – gehen hier heilende Kräfte aus. Eine gewisse Verschlüsselung erlaubte er sich

dennoch, indem er von Stiefmutterproblemen und nur von einem Kind und nicht wie in Wirklichkeit von sieben Kindern aus erster Ehe (Nesi) sprach und das eigentliche Thema im Titel unter dem lateinischen Namen für das „Stiefmütterchen" verbarg.

Wie vielseitig und produktiv sich Storm in den folgenden Jahren entwickelt hat, wird deutlich an der großen Zahl, an der Themen- und Kompositionsvielfalt der Novellen, die in den Jahren 1867 bis 1880 entstanden sind. In „Pole Poppenspäler" z. B. ist es Storm gelungen, eine auf den ersten Blick idyllische Kindergeschichte zu erzählen auf dem Hintergrund einer konfliktgeladenen, den Konflikt lösenden Geschichte von zwei Menschen, die verschiedenen Ständen angehören, den „Fahrenden" (den Künstlern) und den Bürgern. „Pole Poppenspäler" ist ja das Schimpfwort, mit dem der ehrbare „Kunstdrechsler und Mechanikus" Paul Paulsen verspottet wird, weil er Lisei, eine Puppenspielertochter und „Fahrende", geheiratet hat. Der Bürger aber und die bürgerliche Ordnung bewähren sich (vgl. den Schluss der Novelle).

Um Bürger, die dem Gerede ihrer Mitbürger ausgesetzt sind, geht es auch in der Novelle „Im Brauer-Hause". Der Stoff stammt aus Dithmarschen, aus Meldorf, aber die Erzählung findet statt an einem „Teetisch" in einem „angesehenen Bürgerhause" (II 647), das – wie die „Fronerei", der „Galgenberg" und der „Apotheker Hennings" (665) – der eigenen Umwelt des Dichters entnommen ist. Ein „Brauhaus" – wenn auch das Haus eines Weinbrenners – war ja auch das Haus, in dem der Dichter wohnte. Die Freunde des Dichters bewunderten hier nicht nur die „frische Anschaulichkeit" (Erich Schmidt: 1.4.1879), die „stramme Komposition" (G. Keller: 20.12.1879), sondern gerade auch die „Macht des bloßen Geredes" (Fontane: Erinnerungen), die ein Bürgerhaus und

eine bürgerliche Familie an den Rand des Ruins bringen.
In der Novelle „Im Nachbarhause links" wird deutlich, in wie starkem Maße Storm inzwischen bereit ist, die hässliche Seite der Wirklichkeit in seine Dichtung hineinzunehmen: Das Nachbarhaus ist heruntergekommen (II 344: „Das Haus stand mitten in der belebten Straße wie in Todesschweigen"), und die Besitzerin des Hauses, einst ein „lebenssprühendes Frauensbild", liegt zuletzt als „kleiner zusammengekrümmter Leichnam" auf dem Boden, erschlagen von ihren eigenen Goldtalern (376).
Ein heikles Thema hat Storm in der Novelle „Waldwinkel" angeschnitten. Sie erzählt von einem „Botanikus", der an der „Studentenverschwörung", am „Wartburgtanze" teilgenommen hat, von den Preußen in ein „dunkles Kerkerloch" gesteckt worden ist (II 229), seine Frau verloren hat (II 230) und nun versucht, in der Waldeinsamkeit, auf der Suche nach seltenen Pflanzen, dem „leeren Gefäß" seines Lebens einen Inhalt zu geben (II 222). Dabei begegnet er Franziska, einem elternlosen, „eben aufgeblühten" Mädchen, das von ihrem Vormund missbraucht worden ist und kein echtes Zuhause hat; mit ihr versucht er, inmitten der unschuldigen Natur, einen neuen Lebensabschnitt zu beginnen. Das Experiment missglückt.
Storm hat für diese Novelle höchstes Lob bekommen, aber auch schwerwiegende Kritik einstecken müssen. Ludwig Pietsch meinte, dass der „Waldwinkel" ihm erscheine „als eine der köstlichsten Proben moderner Poesie überhaupt ..." Er kenne nichts „Wahrhaftigeres, vom reinen Naturhauch erquicklicher Durchwehtes" (7.10.1874). Theodor Fontane jedoch ließ kein gutes Haar an der Novelle: „Das Ganze ist ... unwahr, eklig, raffiniert", meinte er in seinen Erinnerungen (dort im V. Kapitel). Storm selbst nannte die Novelle „eine

10. Bürgerhaus Ecke Krämerstraße/Markt in Husum, wo der Dichter den Erzähler die „Aquis submersus“-Handschriften finden lässt (Zeichnung von F. J. Grelsdorf um 1875; das Haus wurde 1898 abgerissen). Auf dem Stein über der Tür die heute noch vorhandene Inschrift („Gelick a so Rock und Stof vorschwindt, a so sint ok de Minschenkind.“).

niederträchtige Geschichte", die aber „doch nun einmal geschrieben werden musste" (an Heyse, 25,11,1874).
In dieser Zeit sind dem Dichter, der 1866 noch das „Gefühl der Vergänglichkeit" beklagt hatte und meinte, er sei „nicht mehr im Leben heimisch", vollgültige Darstellungen der Vergänglichkeit gelungen. Aus den mittlerweile geordneten und gesicherten Gegebenheiten seines Hauses heraus gelingt es ihm jetzt, Vergänglichkeitsbilder in einer Radikalität zu zeichnen, wie er sie früher nicht gewagt hat.
Besonders konsequent und radikal hat Storm die Vergänglichkeitsproblematik in dem Gedicht „Geh nicht hinein" (1878) gestaltet, in einem der großen Gedichte des poetischen Realismus überhaupt. Hier wird der Tod geschildert als das endgültige Ende, als „Abgrund", „bodenlos, ganz ohne Boden". Da kann auch der „liebe Vater", auch Gott-Vater, nicht helfen (I 93 f.):

„Er lag am Abgrund
Bodenlos, ganz ohne Boden. – ‚Hilf!
Ach, Vater, lieber Vater!' Taumelnd
Schlug er um sich mit den Armen, ziellos griffen
In leere Luft die Hände, noch ein Schrei –
Und dann verschwand er.
…"

Das Problem der Vergänglichkeit, das Storm – wie wir wissen – sein ganzes Leben hindurch gequält hat, hat in dem Gedicht „Geh nicht hinein" seinen radikalsten und sprachlich am weitesten über seine Epoche hinausweisenden Ausdruck gefunden: Der Tote wird zum „etwas", und weiter ist „nichts" zu sagen. So lautet der Schluss des Gedichts:

„Dort hinterm Wandschirm, stumm und einsam liegt
Jetzt etwas – bleib! Geh nicht hinein! Es schaut
Dich fremd und furchtbar an; für viele Tage

Kannst Du nicht leben, wenn du es erblickt.
Und weiter – du, der du ihn liebtest – hast
Nichts weiter du zu sagen?
Weiter nichts."

Die Novelle „Aquis submersus", die um dieselbe Zeit entstanden ist (1877), ist ein vielstimmiger Gesang auf die Vergänglichkeit. Schon die komplexe Rahmengeschichte macht den Leser mit Bildern von Verstorbenen bekannt: mit dem „unschuldigen Bildnis eines toten Kindes" und mit dem Bildnis eines „finsteren schwarzbärtigen Mannes im Priesterkragen". „Mitten in die Kirche hinab" hängt ein „schrecklich übermenschlicher Crucifixus, dessen hagere Glieder und verzerrtes Antlitz mit Blut überrieselt waren". Auch die Inschrift, die über der Tür eines „alten hochgegiebelten Hauses" angebracht ist, in dem der Erzähler die „vergilbten Papierblätter" der Hauptgeschichte findet, mahnt: „Gleich als wie Rauch und Staub verschwindt, Also sind auch die Menschenkind". (So ermahnen die Verse die Passanten an der Ecke des Husumer Marktplatzes noch heute.)

Theodor Storm 1873, Foto von dem Husumer Fotographen Rudolph Ström.

Die Binnenerzählung ist die Geschichte einer Liebe, die längst vergangen ist („am Sonntage Cantate anno 1661"). Es ist die Geschichte einer Liebe zwischen dem Maler Johannes und Katharina, der Tochter des adeligen „Herrn Gerhardus", die von zwei Junkern, die sich „besseren Blutes dünken" (Storm: im Tagebuch: IV, 525), zerstört wird. Die Liebenden werden auseinandergerissen, ihr kleiner Sohn ertrinkt („aquis submersus"), und das große Bild, das der Maler im Auftrag einer „reichen Branntweinbrenner-Wittwe" gemalt hat, ist wie die anderen Kunstwerke „verschleudert und verschwunden". Alles also ist hier vergänglich: der Mensch, die Liebe, die Kunst. Es bleibt nur: das Wort des Dichters: Er kann einen Gesang auf die Vergänglichkeit anstimmen!

Der Dichter in seinem Haus: 1866–1880

Mit der Novelle „Aquis submersus" hat Storm – so scheint es – sich nach dem Tod seiner Frau Constanze (1865) endgültig freigeschrieben. Die aus der radikalen Selbstkritik erwachsene, einem neuen Realismus verpflichtete große Produktivität des Dichters in diesen Jahren im Haus Wasserreihe 31 ist ein einzigartiger Beweis dafür.

In diesen vierzehn Jahren (1867 bis 1880) sind im Haus Wasserreihe 31 folgende Werke entstanden:

Novellen:

„Eine Malerarbeit" (Erstdruck: 1867), „Eine Halligfahrt" (E: 1871), „Draußen im Heidedorf" (E: 1872), „Beim Vetter Christian" (E: 1874), „Viola tricolor" (E: 1874), „Pole Poppenspäler" (E: 1874), „Waldwinkel" (E: 1874), „Ein stiller Musikant" (E: 1875), „Psyche" (E: 1876), „Im Nachbarhause links" (E: 1875), „Aquis submersus" (E: 1876), „Carsten Curator" (E: 1878), „Renate" (E: 1878), „Zur Wald- und Wasserfreude" (E: 1879), „Im Brauer-Hause" (E: 1879), „Eekenhof" (E: 1879), „Die Söhne des Senators" (E: 1880)

Zerstreute Kapitel:

„Amtschirurgus Heimkehr" (E: 1870/71), „Lena Wies" (E: 1873), „Von heut' und ehedem" (E: 1873/74), „Zwei Kuchenesser der alten Zeit" (E: 1871/72), „Von Kindern und Katzen" (E: 1877), „Wie den alten Husumern der Teufel und der Henker zu schaffen gemacht" (Erstdruck: 1871/72)

Gedichte (Auswahl):

„Tiefe Schatten" (Erstdruck: 1868), „Beginn des Endes" (E: 1868), „An Klaus Groth" (E: 1872), „Über die Heide" (E: 1875), „Geh nicht hinein" (E: 1879), „An Agnes Preller" (E: 1879).

Schließlich ist im Poetenstübchen auch Storms Lyrik-Anthologie „Hausbuch aus deutschen Dichtern seit Claudius" entstanden (1869/70); und der junge Ferdinand Tönnies, der spätere große Soziologe, hat – wie er in seinen „Gedenkblättern" anschaulich berichtet, Storm beim Korrigieren geholfen.

Als Höhepunkte der dichterischen Entwicklung in diesem Zeitraum kann man die kurz hintereinander entstandenen Novellen „Carsten Curator" (von Oktober 1876 bis August 1877) und „Renate" (November 1877 bis Februar 1878) bezeichnen. In beiden verbindet Storm anschauliche, wiederum schonungslos auch auf eigene, intime Erfahrungen zurückgreifend, realistische Zeitgemälde mit äußerst farbigen Bildern von tragischen Menschenschicksalen. Beides sind Novellen, die – wie bei Storm so oft – die geordnete, korrekte, bürgerliche intakte Welt der ungeordneten, krankhaften, dem Verfall zugeneigten Welt entgegensetzen.

Theodor Storms ältester Sohn Hans um 1872 (Foto von unbekannt).

Der Novelle „Carsten Curator" liegen Erfahrungen des Dichters mit seinem missratenen Sohn Hans zugrunde; aber in der Novelle radikalisiert Storm das Vater-Sohn-Verhältnis ins Beinahe-Unerträgliche. Der hier geschilderte Vater ist ein durch und durch „unantastbarer Ehrenmann" (II 456), er wird schuldig, indem er einmal, ein einziges Mal, auch beeinflusst von den Zeitumständen, vom geraden Weg abweicht, die leichtlebige Tochter eines Spekulanten heiratet und mit ihr einen Sohn in die Welt setzt, dem die sittliche Kraft fehlt zu einem ordentlichen bürgerlichen Leben. Der Vater sucht den Sohn zu retten; der aber wird von den Fluten des Lebens und des Meeres in den Untergang gerissen.
„Carsten Curator" ist sicherlich die beste Novelle, die im Hause Wasserreihe 31 entstanden ist. Der Germanist Erich Schmidt, den Storm in diesen Jahren kennenlernte, nannte die Novelle mit Recht eine „bürgerliche Tragödie". Ihr Thema

ist – wie er es in seinem Brief an Storm vom 21.9.1877 ausdrückt – „das Wanken und Sinken eines an alter fester bürgerlicher Ehrbarkeit und Pflichttreue reichen Hauses durch den Leichtsinn eines aus der Art geschlagenen Sprosses".
„Vorzüglich motiviert" ist seiner Meinung nach, wie das „fremde ... und zum Untergang fortreißende Element des haltlosen Leichtsinns in das Haus an der Twiete eindringt".
Das Bild des intakten, aber vom Untergang bedrohten Hauses in der Novelle ist eindeutig geprägt von den Bildern der alten Kaufmannshäuser, in denen Storms Vorfahren gelebt hatten, und ebenso von dem eigenen Haus, in dem er lebte (vgl. in den „Zerstreuten Kapiteln" und die Grundrisse Abb. 4 und 5).
Aus dem Gegensatz zwischen dem soliden Haus und dem Verfall der Familie resultiert die Tragödie. Wie in Thomas Manns „Buddenbrooks" endet Storms Novelle mit dem Auszug aus dem Kaufmannshaus: „Carsten mußte ausziehen; während drinnen der Auktionshammer schallte, ging er <Carsten>, von Anna gestützt, aus seinem alten Hause, um es niemals wieder zu betreten" (II, 521).
Im Mittelpunkt der Novelle „Renate" steht die Tochter eines „Hofbauern", ein junges Mädchen, das – im Gegensatz zu dem Sohn des Curators in der vorangehenden Novelle – die Kraft und die Ausstrahlung hat, mit den Unbilden der Zeit fertig zu werden. Auch hier zeichnet der Dichter ein detailliertes Zeitgemälde, dessen Schattenseiten (rigorose Orthodoxie, Intoleranz und Hexenglaube) deutlich hervortreten.
Renate aber ist eine Gestalt, die mit ihrer Natürlichkeit und ihrer Toleranz in das dunkle Jahrhundert hineinleuchtet und den Leser mit der Hoffnung auf bessere, hellere Jahrhunderte entlässt.
Dass die Jahre, die Storm im Haus Wasserreihe 31 gelebt und gedichtet hat, besonders nach dem Umbau und nach der

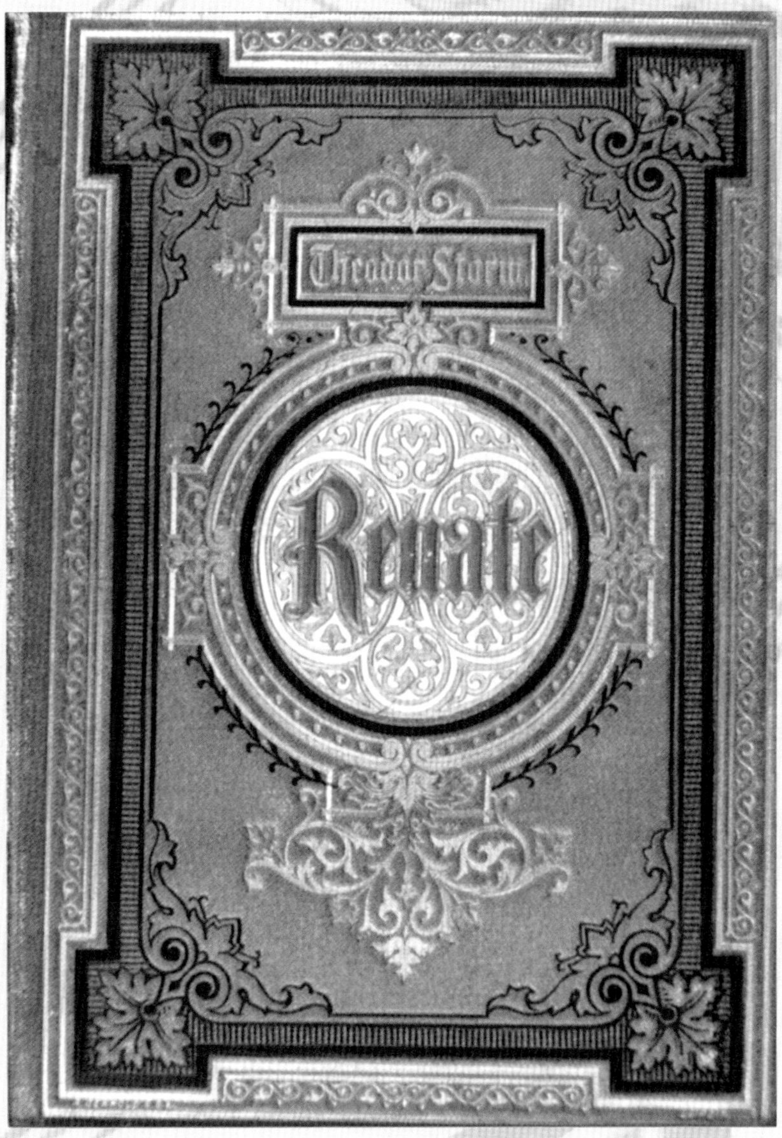

11. Theodor Storm: „Renate". Erste Buchausgabe, Berlin: 1878.

Errichtung des „Poetenstübchens" (1867/68), eine günstige Atmosphäre für seine dichterische Produktivität geschaffen haben, bestätigt sich dadurch, dass er noch in den letzten Monaten in diesem Hause (Oktober 1879–April 1880) eine „freundliche" Geschichte von feindlichen Brüdern anfangen konnte: die Novelle „Die Söhne des Senators" (vgl. an Petersen, 16.1.1880 f.). Hier ist dem Dichter eine humorvolle Variante des uralten Themas der Weltliteratur, des Themas „Bruderstreit", gelungen. Die alten Kaufmannshäuser, auch gerade die der eigenen Vorfahren und das Haus, in dem der Dichter wohnte, sind die Schauplätze. Die „Mauer", die „Grenzscheide", die die zerstrittenen Brüder und ihre Häuser voneinander trennt, wird im Laufe der Erzählung zum „symbolum" (II, 758), zu dessen Überwindung aufgerufen wird (der Cuba-Papagei ruft unermüdlich: „Komm röwer!"), und der Bruder, der die Mauer errichtet hat, lässt sie abtragen und springt selbst hinüber (758). Aber die Mauer wird hier – und das ist eine spezifisch Stormsche Pointe – zum Schluss zu einem „symbolum" ganz anderer Art: Sie wird wiederaufgerichtet als Schutzwall des Familiengartens und der Familie gegen den Friedhof (759); als Schutzwall gegen Tod und Vergänglichkeit.
Die Lebensperiode, die Storm im Haus Wasserreihe 31 verbracht hat, war die längste zusammenhängende Periode seines Lebens (1866–1880). Sie war gleichzeitig seine fruchtbarste Periode als Dichter (mit 23 Novellen und Zerstreuten Kapiteln und mehreren bedeutenden Gedichten; vgl. S. 34). In seiner Dichtung vermochte er – im Laufe der Jahre immer realistischer – Themen der Zeit und allgemeinmenschliche Probleme zu gestalten. Im Vordergrund steht dabei der Bürger beziehungsweise die bürgerliche Familie, und Schau-

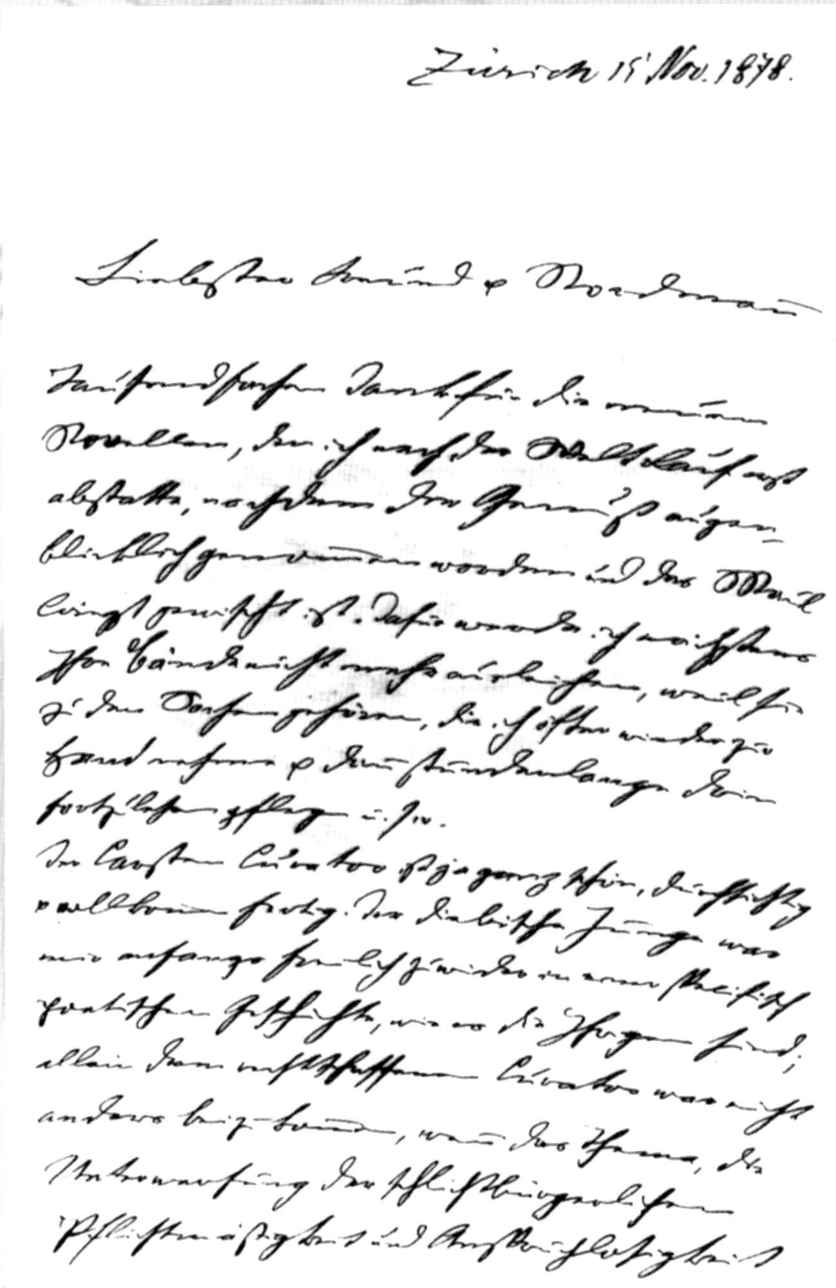
Zürich 15 Nov. 1878.

Liebster Freund v. Nordmann

12. Brief Gottfried Kellers an Theodor Storm vom 15.11.1878 mit der Anrede: „Liebster Freund v. Nordmann“ (1. Seite).

plätze sind oft Bürger- und Kaufmannshäuser. Die Lebensform der Menschen in seiner Dichtung ist einerseits geprägt von den charakteristischen Merkmalen der bürgerlichen Welt wie Ordnung, Ruhe und Fleiß, aber häufig sind es auch Krankheit, Verfall und Vergänglichkeit, die die bürgerliche Ordnung in den Untergang stürzen. Storms Novellen erscheinen so oftmals als literarische Vorfahren von Thomas Manns „Buddenbrooks".[8]

Die besondere geistige Regsamkeit des Dichters in diesen Jahren ist bemerkenswert. Sie wird neben seinem Werk dokumentiert durch die zahlreichen Briefe, die er in dieser Zeit geschrieben, erhalten und beantwortet hat. Insgesamt sind von 1866 bis 1880 über 1000 Briefe registriert, die zwischen Storm und seinen Korrespondenzpartnern hin- und hergegangen sind. Er stand in regem geistigen Austausch mit zahlreichen Briefpartnern, wie z. B. mit den Dichtern Theodor Fontane (Berlin), Paul Heyse (München), Gottfried Keller (Zürich), Iwan Turgenjew (Baden-Baden, Paris), Julius von der Traun (Salzburg) und Dichterinnen wie Ada Christen (Wien), Hermione von Preuschen (München), mit Literaturwissenschaftlern wie Erich Schmidt (Würzburg, Weimar), Emil Kuh (Wien), mit Malern wie Ludwig Pietsch (Berlin), Otto und Hans Speckter (Hamburg), mit Verwaltungsbeamten wie Hartmuth Brinkmann (Flensburg) und Wilhelm Petersen (Schleswig), mit seinen Verlegern Westermann (Braunschweig) und Paetel (Berlin). Und es sind nicht nur einfach knappe Mitteilungen, die ausgetauscht wurden, oft sind es auch gewichtige Probleme des Lebens und der Dichtung, die erörtert wurden. So rät Storm z. B. der österreichischen Schriftstellerin Ada Christen, „es lieber mit der Prosa zu versuchen", wenn „die Lieder nicht mehr von selbst kommen" (21.10.1869). Und den Vorschlag von Professor Erich Schmidt, dem Germanisten, es sollten sich in der Novelle „Renate" „zwei Stormsche Liebesleute wieder einmal kriegen", lehnt der Dichter kategorisch ab (vgl. die „Spähne" 21.1878 u. Brief vom 8.3.1878). Als Gottfried Keller mit dem Schluss des „Grünen Heinrich" nicht zurechtkommt, rät Storm auf eine entsprechende Bitte dem Züricher Dichterkollegen, „die schöne Wirkung, welche die Rückkehr der Judith hervorbringen muß, dem Schlusse des Buches nicht zu entziehen" und „eine Reduktion von Judiths Lebensalter" vorzunehmen (15.7.1878 u. 13.8.1878). Tiefe persönliche Anteilnahme spricht aus den Familienbriefen. Die Briefe an die Kinder, besonders an den ältesten Sohn Hans, den „ganz Verlorenen" (2.5.1871 an Heyse), sind teilweise wirklich mit Herzblut geschrieben.

Ebenso rührig und produktiv ist Storm auf einem ganz anderen Gebiet der Kunst gewesen, das seinem Herzen besonders nahe war: als Chorleiter. Er hat in diesen Jahren (1866 bis 1879) nicht weniger als siebzehn Konzerte veranstaltet, und das heißt: er hat nicht nur die Konzertprogramme zusammengestellt, sondern die Konzerte auch selbst eingeübt und selbst dirigiert. Und er war ein sehr gewissenhafter Dirigent, der seine Konzerte sorgfältig vorbereitete, meist ein halbes Jahr, wenn nötig ein ganzes Jahr. Manchmal hat er selbst auch die Tenorsolopartien gesungen!
Das Bild wäre unvollständig ohne die vielen Reisen, die Storm in diesen bewegten Jahren unternommen hat. Im Sommer 1872 z. B. ist er vier Wochen unterwegs gewesen, um den österreichischen Dichter Julius von der Traun in Salzburg zu besuchen. Von dort hat er Ausflüge in die Stadt und ins Salzburger Land gemacht (u. a. Bad Reichenhall besucht, das später in seiner Novelle „Ein Bekenntnis'" eine Rolle spielen sollte). Auf der Hin- und Rückfahrt hat er sich – in München

und in Prien am Chiemsee – mit seinem langjährigen Dichterfreund Paul Heyse getroffen. Den Sommerurlaub in den Jahren 1876 und 1877 verbrachte er im nördlichen Jütland, bei Freunden auf einem Gutshof (Fobeslet) in der Nähe von Kolding (Dänemark). Zweimal ist Storm nach Würzburg gereist, um seinem Sohn Hans zu helfen, durchs medizinische Examen zu kommen (dort begann die Freundschaft mit Professor Erich Schmidt). Reiseziele in der näheren Umgebung waren Flensburg, Schleswig, Hademarschen, Hallig Süderoog. Und natürlich waren auch Kiel (wo der niederdeutsche Freund und Poet Klaus Groth wohnte) und Hamburg Ziele von Besuchsreisen. In Hamburg z. B. war er oft bei Verwandten zu Besuch (bei Ludwig Scherff zur Aufführung von dessen Oper „Die Rose von Bacharach“ 1871), und die Wohnung der Malerfamilie Otto und Hans Speckter nannte er seine „Hamburger Heimat“.

Theodor Storm um 1880
(Foto von Unbekannt)

Angesichts der vielfältigen Ansprüche, die die „Welt“, die Kinder, die Familie, Geselligkeit, Beruf, Chor, Freunde, Verwandte, Reisen an den Dichter stellte, war die Wohnung im Haus Wasserreihe 31, wie Storm sie sich zurechtgebaut hatte, ein Ort, der den Ansprüchen Storms in idealer Weise entgegenkam: Das Haus lag nicht mitten in der Stadt, sondern am Hafen, in einer Nebenstraße, an der Ecke zum „Hafengang“, nur wenige Gehminuten vom Markt und vom Schloss entfernt. Sein Arbeitszimmer hatte Storm beim Umbau an die hintere Ecke des Hauses platziert, etwas abgesetzt von den Wohnzimmern. Mit den Ausmaßen (nur 4,50 x 4,60 Meter), mit der geschnitzten Balkendecke, dem eingebauten Wandschrank, mit den Mahagoni-Bücherschränken und dem einen Fenster, das auf den Garten hinausging, war es gestaltet wie eine „Dichterklause“. Über das unmittelbar angrenzende neu eingebaute kleine Treppenhaus hatte der Dichter einen nahen Zugang zum Garten, in dem er ebenfalls gern arbeitete. Vom Dichterzimmer waren die Wohnzimmer der Familie über den oberen Flur leicht und schnell zu erreichen. Das Familienzimmer (der frühere Festsaal des Kaufmannshauses) war hell und groß, mit Fenstern zur Straße und mit einem kleinen Seitenfenster, das den Blick freigab auf die „Schiffbrücke" bis in die „Krämerstraße" hinein. Das Zimmer hatte einen großzügigen Zuschnitt, so dass Storm sich hier von seiner Arbeit erholen und neue Kraft schöpfen, gelegentlich auch der Familie und Besuchern Teile seiner in der Entstehung begriffenen Dichtung vorlesen konnte.

In seiner Wohnung in der Wasserreihe konnte Storm also – auch in unruhigen Zeiten – sehr gut die Ruhe und die feste Ordnung finden, die er als Dichter brauchte. So wurde das Haus Wasserreihe 31 – nach schwierigen Anfängen – für den Dichter ein Ort, der seine schöpferische Kraft in besonderer Weise stärkte und seine poetische Produktivität steigerte.

III Storm-Haus ohne Storm (1880–1969)

Das Schicksal des Hauses nach dem Wegzug des Dichters

Nachdem Theodor Storm den Entschluss gefasst hatte, nach seiner Pensionierung Anfang 1880 Husum zu verlassen, in Hademarschen zu leben und sich dort eine Altersvilla zu bauen, hat er sein Haus Wasserreihe 31 verkauft (am 11.10.1879). Käufer war der am Husumer Gymnasium lehrende Vorschul- und Elementarlehrer K. Bandholt. Der Verkaufspreis betrug 12.000 Mark. Da der Lehrer bereits 1882 verstarb, sah sich seine Witwe genötigt, Zimmer ihres Hauses zu vermieten, vornehmlich an Schüler des Husumer Gymnasiums. Da machte das Storm-Haus noch einmal Literaturgeschichte: Es ist nachgewiesen, dass der spätere Schriftsteller Gustav Frenssen, dessen Roman „Jörn Uhl" um 1900 eine ganze Generation von Lesern begeisterte, in Storms Dichterzimmer gewohnt hat[9].
Da Frau Bandholt kein Geld für Umbauten und sonstige Veränderungen hatte, blieb das Storm-Haus weitgehend in dem Zustand erhalten, wie es der Dichter verlassen hatte. Das gilt auch für ihre Pflegerin, der sie das Haus dann überschrieben hat. Es war Frau Grell[10] bzw. die Familie ihres Sohnes; sie haben das Haus bis zum Jahre 1969 bewohnt und den überlieferten Zustand des Hauses bewahrt.
Als „Storm-Haus" ist das Haus Wasserreihe 31 nach Storms Wegzug 1880 in der Öffentlichkeit nicht in Erscheinung getreten. Um 1900 hat zwar der Husumer Maler Jan Hamkens eine Zeichnung von „Theodor Storms Wohn-Haus" in der Wasserreihe angefertigt (vgl. Abb. 13); und etwa um dieselbe Zeit hat ein anderer (O. Schulz) die Gartenseite des Hauses

13. Theodor Storms Wohnhaus, Husum, Wasserreihe 31, Zeichnung (Postkarte um 1900) von Jan Hamkens (in der Mitte: Haupteingang, rechts hinten: Neubau des hinteren Hausteils mit Storms Separat-Eingang; darüber: das „Poetenstübchen“).

gezeichnet (vgl. Abb. 14). Aber auf den Gedanken, das Haus in der Wasserreihe oder ein anderes Storm-Haus in der Stadt (etwa das Elternhaus des Dichters in der Hohlen Gasse, das Geburtshaus am Markt) zu einem „Storm-Museum" zu machen, auf den Gedanken ist in Husum ernsthaft niemand in den Jahren nach dem Tode des Dichters gekommen. Einem einzigen aus „Mitteldeutschland" stammenden Storm-Verehrer blieb es vorbehalten, im „Husumer Tageblatt" vom 4. Juli 1918 einen entsprechenden Aufruf für ein „Storm-Museum in Husum" abdrucken zu lassen, der dann aber bei den Husumern keine Resonanz fand. Auch 40 Jahre später, 1964, fand ein Aufruf der Theodor-Storm-Gesellschaft, das vom Abriss bedrohte Elternhaus des Dichters in der Hohlen Gasse als Storm-Museum zu erhalten, kein Gehör.

In diesem Zusammenhang war die Nachricht, mit der die Storm-Gesellschaft fünf Jahre später, im Spätsommer 1969, konfrontiert wurde, dass die Familie Grell, der das Storm-Haus Wasserreihe 31 gehörte, das Haus verkaufen wolle, eher eine Schreckensnachricht: Denn als einziges Grundstück mit einem Garten in Hafennähe hätte sich hier – nach Abriss des Hauses – die Möglichkeit für eine moderne Wohnanlage bzw. ein mehrstöckiges Hotel ergeben. Die Storm-Gesellschaft entschloss sich deshalb sofort, aktiv zu werden, und wandte sich am 8. September 1969 mit einem Schreiben an die Stadt Husum, in dem sie die Stadt darauf aufmerksam machte, dass die „Innenräume" des Hauses „noch so erhalten seien, wie sie der Dichter bewohnt habe" und dass hier „bekannte Novellen" entstanden seien. Deshalb bitte die Gesellschaft die Stadt Husum, das Haus zu erwerben, ein „Dichterzimmer" den „Stormverehrern in aller Welt" zugänglich zu machen und so ein „einzigartiges Kulturdenkmal der Nachwelt zu erhalten".

14. Haus Wasserreihe 31 um 1900, Zeichnung von O. Schulz; links: Haustür, rechts: verdeckt durch Gartenstrauch: Storms Hauseingang nach dem Umbau von 1867/68, darüber (offenes Fenster): Storms „Poetenstübchen“.

Der Sekretär der Storm-Gesellschaft erhielt zunächst vom Bürgermeister eine vorläufige negative Antwort: Für den Ankauf und die Unterhaltung eines Storm-Hauses sei zur Zeit kein Geld vorhanden. Wie die Stadtvertreter, so fürchteten auch einige Präsidiumsmitglieder der Storm-Gesellschaft die Kosten, die mit der Eröffnung eines Museums auf die Stadt und auf die Storm-Gesellschaft zukommen könnten. Dann setzte sich jedoch ein Kompromissvorschlag durch: Die Stadt Husum wollte die äußeren Voraussetzungen schaffen (Ankauf, Restaurierung und Unterhaltung des Hauses) und selbst die untere Etage des Hauses für die Unterbringung des Husumer Stadt-Archivs nutzen; die Storm-Gesellschaft verpflichtete sich, die Einrichtung des Museums (z. B. Ankauf der Ausstellungsstücke) vorzunehmen und zu finanzieren und die Regelung des Ausstellungsbetriebes (Aufsicht, Eintrittsgelder) zu organisieren.

Das Storm-Haus, Wasserreihe 31/an der Ecke zum Hafengang um 1970 (noch im Privatbesitz, vor der Übernahme durch die Stadt Husum und die Storm-Gesellschaft, vor den ersten Restaurierungen).

IV Der Dichter kehrt zurück (1972–2012) Vierzig Jahre Storm-Museum

Schwierigkeiten und Höhepunkte beim Aufbau des Dichterhauses

Ende des Jahres 1969 fasste die Stadt Husum den bedeutsamen Entschluss, das ehemalige Wohnhaus des Dichters Theodor Storm, Husum, Wasserreihe 31, zu kaufen, zu renovieren, teils selbst (für die Unterbringung des Husumer Stadt-Archivs) zu nutzen, teils der Theodor-Storm-Gesellschaft für ihre Zwecke und für Museumszwecke zu überlassen. Am 6. Dezember erschien eine entsprechende Meldung in den „Husumer Nachrichten".

Im Frühjahr 1971 begann die Stadt Husum mit den Renovierungsarbeiten. Diese wurden Anfang 1972 beendet. Im März 1972 etablierte sich dann in der unteren Etage des Storm-Hauses – wie vereinbart – das Archiv der Stadt Husum, mit der Verwaltung und der Leitung des Archivs. Die Theodor-Storm-Gesellschaft zog mit Sekretariat, Bibliothek und Archiv aus dem Nissenhaus, wo sie nach ihrer Gründung (im Jahr 1948) untergebracht war, in die obere Etage des Storm-Hauses, also in die Räume, die Theodor Storm von 1868 bis 1880 bewohnt hatte. Zwei Räume, das Wohnzimmer der Familie Storm (Nr. 7) und das Dichterzimmer (Nr. 12) wurden – soweit das zunächst möglich war – als Museum zugänglich gemacht. Zur Storm-Tagung am 15. und 16. September 1972 wurde das Storm-Museum feierlich eröffnet: Nach einem Eröffnungsvortrag und einer Schlüsselübergabe öffnete die älteste Enkelin

15. Der Präsident der Storm-Gesellschaft Dr. Chr. B. Schücking übergibt dem damaligen Sekretär Dr. Laage anlässlich der offiziellen Eröffnung den Schlüssel zum Storm-Museum Wasserreihe 31 (16. September 1972).

16. Feierliche Eröffnung des Storm-Hauses am 16. September 1972 durch die älteste Enkelin des Dichters, Frau Elisabeth Spethmann, und den Kultusminister des Landes Schleswig-Holstein Prof. Dr. W. Braun (verdeckt im Hintergrund: K. E. Laage, der damalige Museumsleiter).

des Dichters, Frau Elisabeth Spethmann, zusammen mit dem damaligen schleswig-holsteinischen Kultusminister Professor Dr. Walter Braun die Tür des Museum (vgl. die Abb. 15 und 16). Allerdings – von einem „Storm-Museum" konnte zunächst eigentlich nicht die Rede sein: Nur zwei Zimmer, das Wohnzimmer und das Dichterzimmer, konnten den Besuchern zugänglich gemacht werden, und diese waren auch nur vorläufig, d. h. behelfsmäßig, möbliert. Wichtige originale Storm-Möbel existierten noch, aber standen nicht zur Verfügung. Nur ein einziges Möbelstück im Storm-Museum stammte aus Storms Besitz: Im Wohnzimmer stand das Tafelklavier, das der Vater des Dichters seinem Sohn Weihnachten 1858 in Heiligenstadt geschenkt hatte; das – wie der Sohn seinem Vater versicherte – im Hause Storm „selten einen Tag ganz unberührt" blieb (so an die Eltern 6.4.1860) und das später in der Novelle „Ein stiller Musikant" eine bedeutsame Rolle spielen sollte. Die Storm-Gesellschaft hatte dieses Klavier vor Jahren von einer Familie in Hademarschen erwerben können. Und auf dieses Prachtstück war die Museumsleitung natürlich mit Recht sehr stolz (vgl. Abb. 17).
Ein besonders böser Schlag für das Storm-Museum war es deshalb, als im Juni 1974, also zwei Jahre nach der Eröffnung des Museums, im „Hamburger Abendblatt" – mit einer entsprechenden Abbildung groß aufgemacht – gemeldet wurde, dass „der bekannte Komponist, Texter und Arrangeur Hans Georg Moslener auf einer Auktion das im Jahre 1840 handgefertigte Tafelklavier Storms im Wert von über 20.000 Mark erworben habe" und dass der „erfolgreiche Schlagerkomponist" in Zukunft seine Freunde an Storms Tafelklavier „mit Mozartmusik erfreuen" wolle.
Alle, die damals im Storm-Haus arbeiteten, waren schockiert. Im Storm-Haus stand also gar nicht Storms Tafelklavier? Die

Storm-Gesellschaft wollte Klarheit und schrieb an die Ibach-Klavierfabrik in Barmen bei Wuppertal: Man wüsste aus Briefen des Dichters, dass ihm Weihnachten 1858 nach Heiligenstadt ein Ibach-Tafelklavier geliefert worden sei und frage nun an; ob es in der Fabrik darüber noch irgendwelche Unterlagen gäbe. Im Storm-Haus hatte man nur wenig Hoffnung auf eine substantielle Antwort. Schließlich hatte gerade das Ruhrgebiet im Zweiten Weltkrieg unter den Bomben außerordentlich schwer gelitten. Aber dann geschah ein kleines Wunder! Nach 14 Tagen traf mit einem entsprechenden Schreiben der Fabrik im Storm-Haus eine Fotokopie aus dem „Fabrikkontroll- und Verkaufsbuch der Firma Ibach" ein, aus der hervorging, dass dem „Kreisrichter Storm" aus „Heiligenstadt" am „28. Dezember 1858" ein „Pianoforte" mit der „Instrumentennummer 2693 zum Preis von 220 Talern" geliefert worden sei (vgl. Abb. 18). Fieberhaft hat man im Storm-Haus die angegebene Instrumentennummer „2693" gesucht und – links unter dem Flügeldeckel – die Nummer „2693" gefunden. Dem Museumsleiter fiel ein Stein vom Herzen, und das Museumspersonal jubelte: „Das Tafelklavier im Storm-Museum ist eindeutig das des Dichters Theodor Storm!"

Eine wichtige Voraussetzung für den Auf- und Ausbau des Storm-Hauses war das fruchtbare Zusammenwirken zwischen dem Museum, der Stormforschung (z. B. durch die Edition der Briefe, die Storm mit Familienmitgliedern und Freunden gewechselt hatte) und den Nachkommen des Dichters (durch Hinweise auf die Einrichtung des Hauses).

So führte die Zusammenarbeit mit der Enkelin des Bruders des Dichters, Dr. Aemil Storm, Frau Elisabeth Glaevecke in Kiel, zu einer überraschenden Entdeckung: Frau Glaevecke hatte schon früher der Storm-Gesellschaft ein kleines Ölbild von der alten Husumer Marienkirche im alten echten Biedermeierrahmen, das aus dem Elternhaus des Dichters stammte, als Geschenk überlassen. Von ihr erhielt die Storm-Gesellschaft eines Tages aus der medizinischen Klinik in Kiel eine Postkarte, auf der mit zittriger Hand die inhaltsschweren Worte standen: „Kommen Sie ... Ich habe noch etwas für Sie."

Während eines Besuches bei der Storm-Enkelin in Kiel erfuhren wir zu unserer größten Überraschung, dass das alte Porzellan aus dem Besitz von Simon Woldsen (1754–1820), dem Großvater des Dichters, das bis zum Tode der Eltern in Storms Elternhaus, Husum, Hohle Gasse 3, zu festlichen Anlässen benutzt und 1879 – bei der Erbteilung – Dr. Aemil Storm zugefallen war, noch existierte. Frau Glaevecke hatte das Porzellan während des Zweiten Weltkrieges, z. T. während der furchtbaren Bombennächte (Kiels Innenstadt wurde zu 75 % zerstört), mehrfach von einem halbverschütteten Keller in einen anderen transportieren müssen und für die kostbaren Stücke schließlich bei ihrem Vetter in dem Keller des Hauses Wilhelmshavener Straße Nr. 23 einen sicheren Platz gefunden. Dort – meinte Frau Glaevecke – befinde es sich noch jetzt; wir könnten es dort abholen. Über 40 Teile des alten Porzellan-Services fanden so den Weg ins Storm-Haus (vgl. Abb. 19).

Auf eine entsprechende Anfrage hin hat der dänische Kollege Schouby, Direktor des Tønder-Kunstmuseums, die Herkunft des Woldsen-Stormschen Porzellans untersucht. Er konnte – nach Recherchen in Kopenhagen – mitteilen, dass das Porzellan aus der Schiffsladung stammen müsse, die 1760 auf drei Schiffen der Dansk Asiatisk Kompagni von China (Kanton) nach Kopenhagen gebracht worden sei. Dazu passte, dass Mitglieder der Woldsen-Familie z. T. in Dänemark, z. T. in

17. Theodor Storms Ibach-Tafelklavier aus dem Jahre 1858 (im Storm-Haus im Wohnzimmer der Familie).

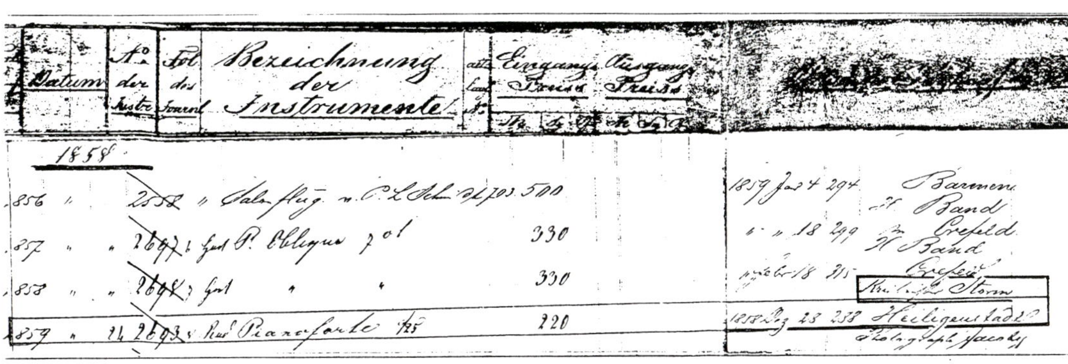

18. Auszug aus dem Fabrikkontroll- und Verkaufsbuch der Firma Ibach, nach dem am 28. Dezember 1858 an den „Kreisrichter Storm“ in Heiligenstadt ein „Pianoforte“ mit der Instrumentennummer „2693“ geliefert worden ist (Kopie aus dem Archiv der Firma Ibach in Barmen).

Kopenhagen ansässig waren. Das Porzellan-Service war also wohl als Geschenk zur Hochzeit der Großeltern Woldsen 1781 von Kopenhagen nach Husum gekommen.
Nun wurde auch klar, was Theodor Storm meinte, als er seinem Züricher Dichterfreund Gottfried Keller gegenüber davon sprach, dass sich in seiner Familie „noch so allerlei altes Porzellan" erhalten habe (27.2.1878). Auch die Erbteilungsszene in der Novelle „Die Söhne des Senators" (1880/81), wo der eine Bruder das Elternhaus, der andere „das beste Tafelsilber" und das „Porzellan, das in der Geschirrkammer steht", erhält, hatte dann also einen realistischen Hintergrund; die Szene ging offenbar zurück auf die brüderliche Erbteilung, die nach dem Tode der Mutter (1879) zwischen Theodor, Johannes und Aemil im Elternhaus, Hohle Gasse 3, stattgefunden hatte.
Das Woldsen-Stormsche Porzellan, das Frau Glaevecke dem Storm-Haus zum Geschenk gemacht hat, gehört heute zu den Glanzstücken des Museums (Raum 6). Das Geschirr dokumentiert ein Stück Kulturgeschichte, ein Stück Stormscher Familiengeschichte und ein Detail der Stormschen Dichtung. „Man kann in Husum", schrieb der dänische Kollege aus Tondern, „sehr stolz sein, eine solche Kostbarkeit zu besitzen!" Eine vollständige und angemessene Präsentation des 40-teiligen Woldsen-Stormschen Porzellans im Storm-Museum ist seit langem geplant, konnte aber bisher nicht verwirklicht werden (einige Teile sind jedoch in der sogenannten Geschirrstube im Raum 6 zu besichtigen).
Das fruchtbare Zusammenwirken von Stormforschung, Storm-Gesellschaft und Storm-Nachkommen für die Entwicklung der Ausstattung des Storm-Hauses ergibt sich auch aus folgender Geschichte: Professor Dr. Franz Bachér, der Sohn von Dodo Storm, der jüngsten Tochter des Dichters, sitzt in

19. Das aus China (Kanton) stammende Woldsen-Stormsche Porzellan (Teile davon in der Geschirrstube Nr. 6 ausgestellt).

seinem Wohnzimmer und liest in dem von der Storm-Gesellschaft initiierten Briefband, in dem die Briefe zum ersten Mal veröffentlicht sind, die Storm und der bekannte Literaturwissenschaftler Professor Erich Schmidt miteinander gewechselt haben. Beim Lesen des Storm-Briefes vom 29. Dezember 1877 stößt Professor Bachér auf eine Stelle, wo Storm die besonderen Weihnachtsgeschenke aufzählt, die seine Kinder bekommen haben; u. a. Dodo, die jüngste Tochter, eine „hölzerne Puppenwiege", so groß, „worin zur Not ein Saugkalb hätte geschaukelt werden können", „von einem Dorftischler in Jütland gefertigt", und „von dem trefflichen Maler Thomsen hier holzfarben mit Rosenbouquets lackiert und darüber ‚Dodo' und darunter ‚1877'!" Beim Lesen dieser Briefstelle springt Professor Bachér auf, ruft seine Frau, liest ihr die entscheidende Stelle vor, reißt die Balkontür auf und deutet auf den Blumenuntersatz, der da steht! Sie benachrichtigen spontan die Storm-Gesellschaft – und heute kann jeder Museumsbesucher diese Puppenwiege restauriert und mit einer entsprechend alten Porzellanpuppe ausgestattet im Storm-Haus in Husum bewundern (vgl. Abb. 20).

Ein wechselvolles Schicksal ist dem Schreibtisch von Storms Frau Constanze zuteil geworden. Dass Constanze einen eigenen Schreibtisch hatte, war lange Zeit nur bekannt aus einem Brief Storms an seine Frau vom 17. Juni 1862, dem der Dichter eine handschriftliche Skizze beigegeben hatte, wie die Möbel im Wohnzimmer ihrer Wohnung in Heiligenstadt aufgestellt waren und wo am Fenster lakonisch vermerkt war: „Schreibtisch Dein".

Dieser Schreibtisch war dann in den Besitz der Tochter Lisbeth und über diese in den Besitz von Storms Urenkelin Frau Gertrud Lüpke (Braunschweig) gekommen. Schon kurz nach der Gründung des Husumer Museums hatte Frau Lüpke der

20. Die Puppenwiege für Tochter „Dodo" (Friederike), Weihnachtsgeschenk 1877.

Storm-Gesellschaft versprochen, dass der Constanze-Schreibtisch eines Tages ins Museum kommen sollte. Aber erst 1995 konnte sie sich von dem Schreibtisch trennen. Leider war inzwischen die Biedermeier-Bekrönung verlorengegangen. Ein Husumer Kunsttischler hat diese nach einem alten Foto naturgetreu wiederhergestellt (so jetzt im Kleinen Wohnzimmer Nr. 8).

Außer den Storm-Nachkommen haben besonders auch Storm-Verehrer und Mitglieder der Storm-Gesellschaft durch Spenden und durch die Stiftung von Handschriften und Möbeln den Aufbau des Museums substantiell unterstützt. Anstelle der zahlreichen Raritäten, die so ins Museum gekommen sind, seien hier nur die sechs Kupferstiche genannt, die im Kleinen Wohnzimmer hängen (Nr. 8).

In Storms Leben und Werk spielt der französische, seit 1794 mehrfach ins Deutsche übersetzte Roman „Paul et Virginie" von Bernadin de Saint Pierre eine bedeutsame Rolle. Storm kannte – wie wir wissen – sowohl den Roman als auch die sechs farbigen Kupferstiche dazu, die Descourtis geschaffen hat. Einen Kupferstich beschreibt Storm sogar in der Novelle „Drüben am Markt", wenn er von den „Gestalten des etwas schmächtigen jungen Liebespaares und des alten Negers" spricht, „wie er in Begleitung des großen Hundes den im Walde Verirrten mit vorgestreckten Armen entgegeneilt ..." (I 457, vgl. Abb. 21).

Diese Kupferstiche hatte Storm bei seinem Onkel Ingwer Woldsen gesehen, und sie waren bei dessen Nachkommen auch erhalten. Dass es trotz aller Bemühungen nicht gelang, diese Kupferstiche für das Storm-Museum zu erwerben, hat nicht nur bei der Museumsleitung, sondern auch bei den Mitgliedern der Theodor-Storm-Gesellschaft große Enttäuschung ausgelöst. Ein damals in Pinneberg, heute in Hamburg

21. Kolorierter Kupferstich zu „Paul et Virginie“ (in der Novelle „Drüben am Markt“ beschrieben): Im kleinen Wohnzimmer (Nr. 8) an der Wand neben Constanzes Schreibtisch.

ansässiger Stormfreund ließ daraufhin sogar seine internationalen Verbindungen spielen und meldete eines Tages nach Husum, dass er auf einer Kunstauktion von einer New Yorker Galerie die sechs kolorierten Kupferstiche – wie es hieß – „von ungewöhnlich guter Qualität" für das Storm-Haus erworben hätte. Die sechs Kupferstiche sind jetzt im kleinen Wohnzimmer zu besichtigen (Nr. 8).
Für die weitere Entwicklung des Storm-Museums in der Wasserreihe war das Jahr 1978 ein entscheidender Wendepunkt. Das Stadt-Archiv der Stadt Husum, das mit seinen Sammlungen und Verwaltungsräumen in der unteren Etage des Storm-Hauses untergebracht war, wurde mit dem Kreisarchiv, damals im Schloß vor Husum, zusammengelegt, und die Stadt Husum entschloss sich, das ganze Haus Wasserreihe 31 der Storm-Gesellschaft zu übergeben. Das eröffnete dem Museumsleiter ganz neue Möglichkeiten.
Man entschloss sich, zunächst die „Landvogtei" (mit Zugang vom unteren Flur, zu Storms Zeit jedoch mit besonderem Eingang von der Hafengasse) wiederherzustellen, weil die Jahre als Landvogt (1864–1866) als „Obervormund, Polizeimeister, Kriminal- und Zivilrichter" (so an Pietsch 10.4.1864) für Storm außerordentlich prägende Jahre waren und weil sich hier die Möglichkeit ergab, neben dem Dichter den Alltag des Juristen Storm zu beleuchten. Bei der Rekonstruktion der Einrichtung der „Landvogtei" (sämtliche Landvogteien waren 1866 in Schleswig-Holstein im Zusammenhang mit der preußischen Justizreform aufgelöst und durch zentrale Amtsgerichte ersetzt worden) waren die Briefe Storms und Angaben in den beiden im Schleswiger Landesarchiv erhaltenen Protokollbüchern der Husumer Landvogtei sowie Zeichnungen von alten Kontorräumen und Hinweise im Text der Novelle „Draußen im Heidedorf" eine große Hilfe. Der

22. Storms „Landvogtei“ im Storm-Haus, Wasserreihe 31: Schriftzug „Landvogtei“ im alten Protokollbuch (erhalten im Landesarchiv in Schleswig).

Besucher kann hier heute einen Blick tun in die Welt des Richters Storm: Er wird hingewiesen z. B. auf konkrete „Fälle" seiner Tätigkeit: „wegen Räumung der Wohnung" (26.3.1864), „wegen außerehelicher Schwängerung" (12.4.1866), „wegen Fortjagens aus dem Dienste" (21.3.1867), wegen „Brandstiftung" und „versuchten Selbstmordes" (2.12.1864).

Auch das Zeugnis, das Professor Falck dem „Candidat Storm" ausgestellt hat, dass Storm „das Dänische mit guter Aussprache liest ... auch richtig und fertig übersetzen kann", ist hier zu sehen.

Als schwierig und problematisch erwies sich die Renovierung und Restaurierung der früheren Verkaufsdiele des alten Kaufmannshauses in der unteren Etage des Hauses, in der bisher die Bibliothek des Husumer Stadt-Archivs untergebracht war und die nun frei wurde. Sie war ja nur wenige Monate das Wohnzimmer der Familie gewesen (1866/67) und erhielt ganz neue Akzente, als deutlich wurde, dass dieses Zimmer und von hier ausgehend das ganze Haus von Storm zum Schauplatz seiner Stiefmutter-Novelle „Viola tricolor" gemacht worden ist.

Das war eine literarische Sensation; denn es ist ja ganz ungewöhnlich, dass Dichter ihre eigenen Wohnhäuser zum Schauplatz von Problemen machen, die sie selbst in diesem Hause erlebt haben. Die alte Verkaufsdiele ist dann das „grüne" Zimmer (wie in der Novelle „Viola tricolor") geworden.

Im Jahre 1979 aber kamen dann die Storm-Gesellschaft und die Museumsleitung in finanzielle Schwierigkeiten: Ein Urenkel des Dichters hatte dem Storm-Haus den fürstlichen Schreibtisch aus der Werkstatt des berühmten Flensburger Möbelbauers Heinrich Sauermann angeboten, den Kieler

23. Im „grünen" Zimmer Nr. 1 zur Novelle „Viola tricolor": Die Bilder von Storms erster und zweiter Frau, von Constanze Storm, geb. Esmarch (links), und Dorothea Storm, geb. Jensen (rechts). Darunter die Kinder: Hans, Ernst, Karl, Lisbeth, Lucie, Elsabe, Gertrud und Friederike.

Verehrerinnen dem Dichter zum 70. Geburtstag geschenkt hatten. Die Preiserwartungen des Urenkels waren sehr hoch: Es hatte sich herumgesprochen, dass die vier „tiefsinnigen Eulen", die das Oberteil des Schreibtisches tragen, von Emil Nolde geschnitzt waren und also zu den frühesten „Noldes" gehören, die es gibt, und dass Theodor Storm laut Tagebuch am „9. Februar 1888 vormittag 11 Uhr" hier an diesem Schreibtisch die Novelle „Der Schimmelreiter" vollendet hatte.
Trotz Spenden von verschiedenen Seiten war es unmöglich, die erforderliche Summe aufzubringen. Ein wenig bekannter Paragraph, den unser damaliger Präsident Chr. Bernhard Schücking aus der juristischen Versenkung hervorholte, machte es dann doch möglich, dass der Stormsche Schreibtisch 1979 mit der Zahlung einer „Abschlagsumme" in den Besitz der Storm-Gesellschaft überging, unter der Bedingung, dass die „Restsumme" in 10 Jahren noch einmal neu verhandelt werden sollte (die Restsumme wurde inzwischen gezahlt).
Es fehlt allerdings noch die richtige Präsentation des Schreibtisches im Museum (der geschichtliche Zusammenhang mit Sauermann und Nolde und mit der Altersvilla in Hademarschen soll noch dargestellt werden).
Eine Wohnung, insbesondere eine Dichterwohnung, lebt wesentlich auch von den Bildern, die an den Wänden hängen. Gerade auch bei Storm, der sich selbst einen „Bildernarr" nennt, sind die Wandbilder ein wichtiger Teil seiner Wohnräume, aber auch in seiner Dichtung spielen Bilder eine große Rolle (vgl. z. B. in „Aquis submersus"). Mit Hilfe von zahlreichen Briefaussagen, aber auch, weil gerade Stormsche Wandbilder bei den Nachkommen des Dichters besonders häufig erhalten waren, konnte das Husumer Storm-Museum verhältnismäßig früh die Bilderwelt des Dichters rekonstruie-

24. Eine der vier von Emil Nolde geschnitzten „tiefsinnigen Eulen“ am Schreibtisch des Dichters (1887).

ren. So verweist Storm – um nur einige Beispiele zu nennen – in seinem Brief vom 27.3.1883 an Heyse (III 46) – auf die „Märchenerzählerin von Steinle, die von Hanfstängel lithographiert ist", oder in einem Brief an Erich Schmidt vom 29.12.1877 (I 72) auf den Stich „Egmont vor seiner Hinrichtung" (von Louis Gallait), den er Weihnachten 1877 von Constanze erhielt. In den „Zerstreuten Kapiteln" (IV 205) hören wir von „Vernet'schen Ansichten der französischen Hafenplätze" und an anderer Stelle (IV 199) von einem „kleineren Bild", „dem selbst die heiteren Augen des Großmütterchens nicht gern begegneten" (gemeint ist das Bild „Der Nachtmahr" von dem Schweizer Maler Johann Heinrich Füßli aus dem Jahre 1781; vgl. Abb. 25). Storm selbst war „fanatisch auf Chodowieckis" (an Eggers 13.3.1853) und hatte in seinem Arbeitszimmer einen großformatigen Kupferstich dieses Danziger Malers hängen.
Über 50 Wandbilder, wie sie Storm besessen hat, konnten inzwischen identifiziert und in den Räumen des Storm-Hauses (mitunter sogar an der Stelle, die der Dichter selbst bezeichnet hatte!) aufgehängt werden, so dass demnächst von der Museumsleitung Sonderführungen unter dem Titel „Storms Bilderwelt im Storm-Haus" angeboten werden können.

Museumsleute brauchen manchmal sehr viel Geduld. Im Jahre 1972, in dem Jahr, in dem das Storm-Haus offiziell eröffnet wurde, wusste man, dass die Möbel und Wandbilder des Stormschen Wohnzimmers noch existierten, aber nicht zur Verfügung standen: sie bildeten das Wohnzimmer, in dem Frau Spethmann, die älteste Enkelin des Dichters, von Kindesbeinen an gewohnt hatte und aus dem die über 80-Jährige niemand vertreiben konnte und wollte. Aber auch im Jahre 1979, nach dem Tod von Frau Spethmann, gelang es dem

25. Nachstich (von T. Burke) von dem Gemälde des Schweizer Malers J. H. Füßli „Der Nachtmahr“ aus dem Jahre 1781.

Museum nicht, die Storm-Möbel aus Privatbesitz zu erwerben. Bei den Urenkeln des Dichters hatte sich die – sehr schöne, aber sehr romantische – Vorstellung durchgesetzt: Sie wollten das Haus ihrer Mutter, die Spethmann-Villa (heute Senioren-Residenz) erhalten und in dem originalen Storm-Zimmer – wie in den früheren Jahren – zu des Dichters Geburtstag bzw. anlässlich der Storm-Tagung jährliche Familientreffen der inzwischen über ganz Deutschland – bis in den Schwarzwald hinein – zerstreuten Familie veranstalten. So scheiterten im Jahre 1980 alle Verkaufsverhandlungen.
Die Storm-Gesellschaft musste so – und zwar über 10 weitere Jahre (insgesamt also 20 Jahre!) – mit dem schlechten Gewissen weiterleben, dass im originalen Wohnzimmer des Dichterhauses nur unechte, im Antikhandel erstandene Möbel ausgestellt waren.
Das änderte sich erst 1991, als nach schwierigen Verhandlungen – auch über den Kaufpreis – in der Spethmann-Villa am Wohnzimmertisch des Dichters vom Sekretär der Storm-Gesellschaft der Kaufvertrag unterschrieben wurde, nach dem die Stormschen Wohnzimmermöbel, die originalen Wandbilder und der Stormsche Mahagoni-Bücherschrank in den Besitz der Storm-Gesellschaft übergingen. Diese Zeremonie erhielt ihren besonderen Akzent durch die Anwesenheit einer großen Zahl von Storm-Nachkommen.
Dass in einem Dichtermuseum das Wohnzimmer des Dichters als solches (das Zimmer mit den geschnitzten Türen, den Wandpaneelen, den eichenen Fußbodenbohlen und Deckenbalken) erhalten ist, ist schon ungewöhnlich; dass in diesem Zimmer die originalen Möbel stehen und an den Wänden die Wandbilder hängen, die der Dichter ausgesucht hat, ist selten; aber dass diese Wohnzimmermöbel selbst – der Tisch, die Stühle, das Sofa mit der auf der Rückenlehne des Sofas

26. In Storms Wohnzimmer: Biedermeier-Möbel-Ensemble mit den originalen Wandbildern aus dem Storm-Nachlass (Nr. 7).

angebrachten Darstellung der „Hirschjagd" (vgl. Abb. 27) – wie inzwischen festgestellt werden konnte – in einer Novelle des Dichters (in „Drüben am Markt") eine symbolhafte Rolle spielen, das gibt es wirklich nur einmal: im Storm-Haus in Husum!

In den letzten Jahren sind im Storm-Haus zwei Ausstellungsbereiche neu eröffnet worden, die die Besucher des Storm-Museums lange vermisst haben: Im Jahre 1998 die Ausstellung zu „Theodor Storms Leben und Werk" in der unteren Etage des Hauses (Raum 2 und 3) und im Jahre 2009/10 die Ausstellung: „Theodor Storms ‚Schimmelreiter'" (Raum 10 und 11). Beide Ausstellungen veranschaulichen ihr Thema in jeweils zwei Räumen mit zahlreichen Auslagen in neuen Vitrinen und mit großformatigen Wandbildern.

Dabei werden neue Dokumente, die die Stormforschung entdeckt hat, sowie unbekannte Gegenstände, die die Storm-Gesellschaft von den Storm-Nachkommen erhalten hat, zum ersten Mal gezeigt. Zum Beispiel in der Ausstellung „Leben und Werk": Das „Husumer Königlich privilegierte Wochenblatt" vom 27.7.1833 mit der ersten Gedichtveröffentlichung des 15-jährigen Storm („Sängers Abendlied"). Oder: Die Handschrift des Kindermärchens „Hans Bär" (1837). Oder: Die Lithographie „Entlassene Schleswig-Holsteiner von befreundeten deutschen Brüdern aufgenommen" (Berlin 1852). Oder: Constanzes Sonntags-Tasse. Vgl. auch: Das handschriftliche Gedicht „Die Nachtigallen", das Joseph von Eichendorff 1854 Storms Frau Constanze zum Geburtstag schenkte.

Ein exaktes und detailliertes Bild erhält der Besucher der Schimmelreiter-Ausstellung von den Quellen, die Storm im Vorfeld seiner Arbeit am „Schimmelreiter" benutzt hat. Besonders anschaulich werden ihm die Schauplätze der

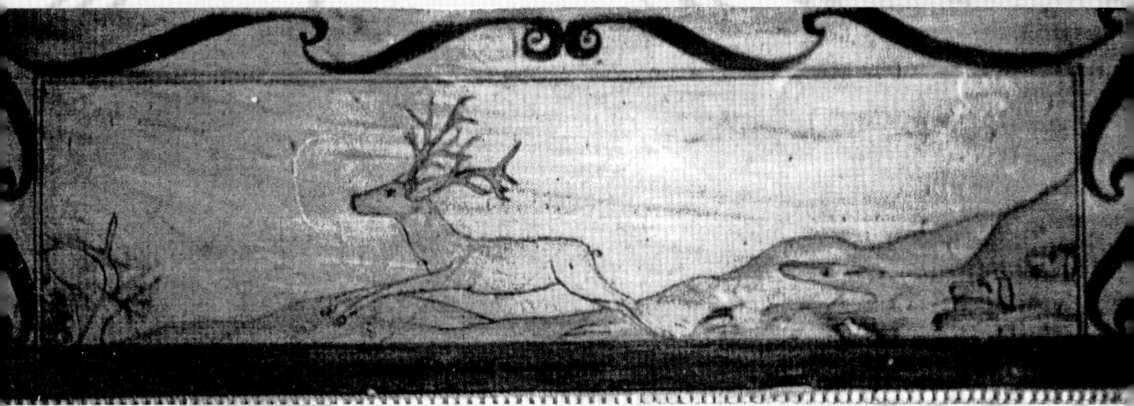

27. Die „Hirschjagd", in der „Mitte der Rücklehne" des Sofas (vgl. in der Novelle „Drüben am Markt").

Novelle vorgestellt, die Hattstedter Marsch, das „Wirtshaus" usw. Da sind außerdem die „Lesefrüchte vom Felde der neuesten Literatur" aus dem Jahre 1838 zu sehen, der Band, in dem Storm die Geschichte vom „gespenstigen Reiter" kennengelernt hat und die den ersten Anstoß zu seiner „Schimmelreiter"-Novelle gegeben hat.
Aber der Museumsbesucher kann hier auch Raritäten bestaunen: Er kann z. B. Einsicht nehmen in Dokumente, die bis vor kurzer Zeit noch völlig unbekannt waren und die die Storm-Gesellschaft von den Nachfahren des Dichters erwerben konnte. Er kann z. B. die Schlussworte der Novelle, wie sie der Dichter im Januar 1888 niedergeschrieben hat, im Original lesen oder die Konzept- und Entwurfspapiere, zu denen auch erläuternde Zeichnungen gehören, die der Dichter während der Arbeit an der „Schimmelreiter"-Novelle geschrieben bzw. angefertigt hat, besichtigen und so einen tiefen Blick tun in die Werkstatt des Dichters (vgl. Abb. 28).
Ein wichtiger Teil des Dichterhauses ist der Garten, der seit 1856 nach dem Abriss eines dort stehenden alten Hauses zum Haus Wasserreihe 31 gehört. Die Storm-Gesellschaft konnte auch diesen Teil des Hauses restaurieren, und zwar mit Hilfe des Gartenbauamtes der Stadt Husum und nach eingehenden Recherchen in Storms Briefen: Mit einem Rosen-„Rondeel" an der „Planke" im hinteren Teil, mit einer „Lindenlaube" im mittleren Teil und mit „Rasenpartien" im unteren Teil des Gartens. Der Garten am Haus war für Storm, für den Dichter und den Menschen, von größter Bedeutung. Storm hat selbst einmal gesagt (in Heiligenstadt, wo ein Garten am Haus in der Wilhelmstraße fehlte): „Ich lebe nicht, weil ich hier keinen Garten habe … Ich war <früher> gewohnt, jeden lieben Gedanken dort auszuspinnen, für jede Schwierigkeit der Arbeit dort eine Lösung zu suchen" (an Eggers 8.7.1857).

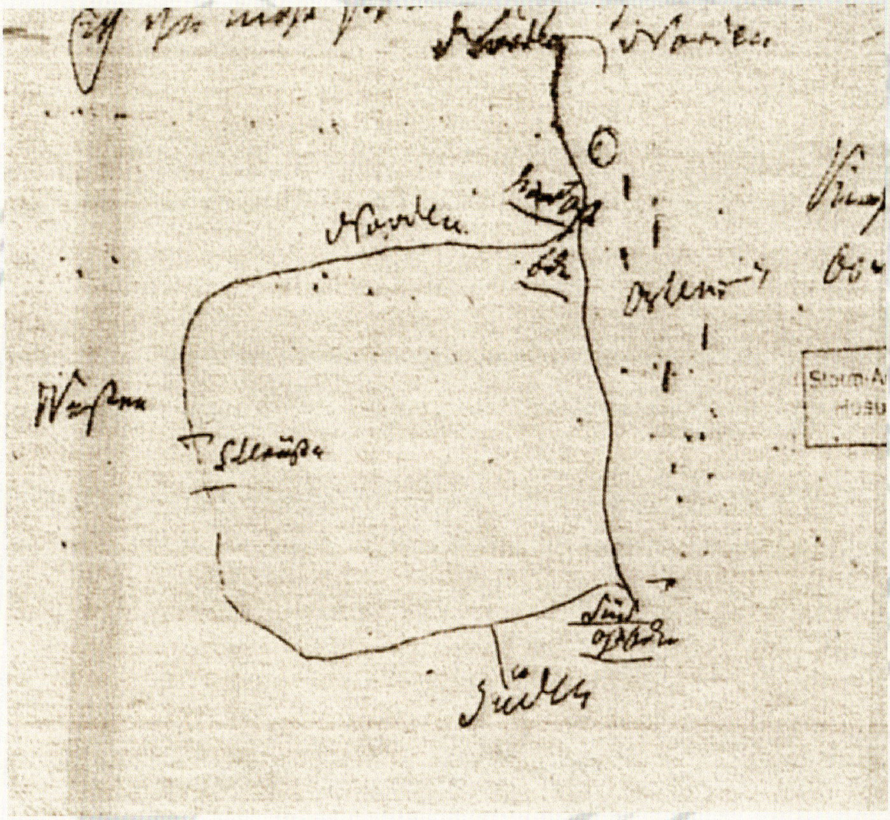

28. Storm: Entwurf zum Schauplatz der „Schimmelreiter“-Novelle mit Himmelsrichtungsangaben zur Lage des neuen Koogs („Norden“, „Westen“, Süden“, „Osten“) (Ausschnitt aus dem „Concept“).

Der Dichter kehrt zurück: Vierzig Jahre Storm-Museum (1972–2012)

Im Nachbarhaus (Wasserreihe 35), rechts vom Garten, ist heute das Storm-Archiv untergebracht, dessen Forschungsergebnisse die Grundlage waren beim Aufbau des Storm-Museums (vgl. Näheres zum Storm-Archiv, Seite 83).

Das Dichterzimmer im hinteren Teil des Hauses in der oberen Etage, 1867/68 neu erbaut, das von Storms Freunden, u. a. von Ferdinand Tönnies, so genannte „Poetenstübchen", ist eine einmalige Rarität. Allein dieses eine Zimmer hätte die vor 40 Jahren gefassten Beschlüsse der Stadt Husum und der Theodor-Storm-Gesellschaft, das Haus Wasserreihe zu erhalten und zum Museum umzubauen, gerechtfertigt. Denn das Zimmer war – wie entsprechende Nachforschungen ergeben haben – seit dem Wegzug Storms nach Hademarschen im Jahre 1880 in seiner Grundform (das Fenster, die Tür mit Türschloss und Türgriff, der Fußboden, die Deckenbalken, die Schnitzereien, der eingebaute Wandschrank, die Zuleitungen zur Gaslampe) völlig unverändert geblieben. Sogar der originale Klingelzug, mit dessen Hilfe Storm die Mägde, die in einem Zimmer auf dem Boden des Hauses untergebracht waren, zu sich rufen konnte, ist erhalten. Dieses Zimmer war eine ganz persönliche Schöpfung Storms, ja, man kann sagen: seine „Dichtung", denn er selbst hat ja davon gesprochen, dass er sich dieses Zimmer „gedichtet" habe (s. u. an Eggers: 4.6.1869).

Klingelzug im Dichterzimmer (original erhalten)

Schon die Idee, den „hinteren Hausteil" und den „Krupboden", den Kriechboden, abzureißen, auszubauen und sein Arbeitszimmer dorthin zu verlegen, stammt von Storm selbst. Und auch die stilistische Ausgestaltung geht auf den Dichter selbst zurück. Die geschnitzte Balkendecke, der Wandschrank und die Tür sind inspiriert von dem neugotischen Stil, wie Storm ihn in der Aula und auf den Fluren des 1867 neu errichteten Husumer Gymnasiums kennengelernt hatte.

Von besonderer Bedeutung aber ist das „Poetenstübchen" im

29. Blick in Storms Arbeitszimmer, das „Poetenstübchen" (Nr. 12).

Storm-Haus als Keimzelle der geistigen und dichterischen Arbeit des Dichters in seiner Hauptlebensperiode. Hier sind von 1868 bis 1880, in seiner Hauptschaffensperiode, 23 Novellen und „Zerstreute Kapitel" und einige bedeutsame Gedichte entstanden (vgl. hier S. 34).
Ein Dichterzimmer, das der Dichter selbst entworfen, in dem er den Großteil seiner Werke geschrieben hat und das unverändert erhalten ist, ist – auch unter den Dichterhäusern in der ganzen Welt – eine solche Seltenheit, dass die Stadt Husum und die Storm-Gesellschaft in besonderer Weise stolz sein können, dieses Kleinod zu besitzen und Interessierten zugänglich machen zu können. Selbst der Stormsche Biedermeier-Mahagoni-Bücherschrank, der dort steht, und die Bücher, die dort zu sehen sind, sind original aus Storms Besitz erhalten.

Storm selbst hat – wenige Monate nach Fertigstellung des Neubaus – dieses Zimmer seinem Freund, dem Kunsthistoriker Friedrich Eggers in Berlin, folgendermaßen beschrieben (4.6.1869):
„Mein Zimmer, das ich mir nach Neubau meines hintern Haustheils, selbst gedichtet habe, mit geschnitzter Balkendecke, rothen Wänden mit guten Kupferstichen, meiner selten reichen deutsch-poetischen Bibliothek in zwei Mahagoni-Bücherschränken und einem Wandschrank mit eichenem Rahmen, sowie dem einen von schmalen grünen Wollvorhang eingefaßten der Morgensonne offenen Fenster, das auf die grüne Lindenlaube meines schmalen Gärtchens hinaussieht – ich glaube es gefiele Ihnen und wir würden prächtig darin plaudern."
Storms Bericht an Eggers klingt, als wäre er gestern geschrieben – und wirklich – das so beschriebene Zimmer existiert heute unverändert, und man kann in dieses Zimmer hineingehen!

30. Geschnitzter Deckenbalken im „Poetenstübchen“ (Ausschnitt), im neugotischen Stil.

Anmerkungen

1. Nach Johannes Lass (Sammlung einiger Husumischen Nachrichten, Flensburg: 1750, S. 32) bestrafte König Christian I. die Husumer Rebellen, indem er 1.) einige aller Privilegien beraubte, 2.) etliche Häuser konfiszierte, 3.) auf 30.000 lübsch Mark brandschatzte, 4.) gewissen Häusern eine jährliche Abgabe von 200 lübschen Mark auferlegte (die sog. Rebellensteuer). 70 Rebellen wurden hingerichtet.
2. Chr. U. Beccau: Versuch einer urkundlichen Darstellung der Geschichte Husums bis zur Erteilung des Stadtrechts, Schleswig 1854, S. 249–251.
3. U. A. Christiansen: Die Geschichte Husums, Husum: Petersen, 1903, S. 83 (den ersten Hinweis auf diese Quelle verdanke ich Jürgen Dietrich).
4. Aufgrund von Angaben, die das Kreisarchiv Nordfriesland und das Husumer Stadtarchiv (insbesondere aus den „Contributionssetzungsregistern", dem Schätzungsregister der Kämmereirechnung, und dem „Brandkataster") sowie das Storm-Archiv zur Verfügung stellten. Noch im Jahre 1814 wird im Brandkataster ein „hinter dem Haus liegendes ‚Brennhaus" aufgeführt.
5. Das wird dadurch bestätigt, dass mehrere Mitglieder der Familie Cosmus in diesen Jahren Vorsteher des St.-Jürgen-Stiftes waren (nach M. Voss: Chronik des Gasthauses zum Ritter St. Jürgen, Husum 1902, S. 157/158: 1733 Hans Cosmus, 1783/84 Johann Cosmus, 1793/94 Simon Cosmus.
6. In den „Zerstreuten Kapiteln" beschreibt Storm den Grundriss des „Urgroßvaterhauses" (IV 193 f.): Der „Flur des Hauses" reichte bis in das „zweite Stockwerk" hinauf, dahinter lag (IV 198): der „düstere mit Fliesen ausgelegte Pesel". Zweimal hat Storm das Haus zum Schauplatz seiner Dichtung gemacht: in der Einleitung zu „Immensee" und in „Carsten Curator". Vgl. die Grundrisszeichnungen in: K. E. Laage, Theodor Storms Dichterwelt, Heide: Boyens 1995, S. 78 und die „Carsten Curator"-Ausgabe (hg. von K. E. Laage), Heide: Boyens 1994, S. 102 f.
7. Vgl. in den Husumer Nachrichten vom 12.8.2008: K. E. Laage, „Bürgermeister F. F. Stuhr wohnte im Storm-Haus (Wasserreihe 31)".

8. Vgl. dazu: K. E. Laage: Theodor Storm – ein literarischer Vorfahre von Thomas Manns „Buddenbrooks"? in: Th.-Mann-Jahrbuch, Bd. 15 (2002), S. 15–33.
9. Vgl. K. E. Laage: „Gustav Frenssen und Theodor Storm", in der Zeitschrift „Dithmarschen", Heft 1, März 2006, S. 7 ff.
10. Nach persönlichen Mitteilungen der Familie Grell.

Abkürzungen

StA Husum	Storm-Archiv (Husum, Wasserreihe 31 bzw. 35)
LB Kiel	Schleswig-Holsteinische Landesbibliothek Kiel
LA Schleswig	Landesarchiv Schleswig
STSG	Schriften der Theodor-Storm-Gesellschaft, Heide: Boyens
(...)	Auslassungen
Abb.	Abbildung
<>	In spitzen Klammern: Ergänzungen des Originaltextes

Zitate aus dem Werk des Dichters sind der Kritischen Werkausgabe entnommen: Theodor Storm: Sämtliche Werke in vier Bänden, hg. von Karl Ernst Laage und Dieter Lohmeier, Frankfurt a. M.: Deutscher Klassiker Verlag 1987/88: Abgekürzt zitiert mit Band- und Seitenzahl.

Die Briefzitate stammen im Allgemeinen aus den 20 Briefbänden, die auf Initiative der Storm-Gesellschaft von verschiedenen Wissenschaftlern im Erich Schmidt Verlag in Berlin oder in den Schriften der Theodor-Storm-Gesellschaft (Heide: Boyens 1952 ff.) herausgegeben worden sind: Abgekürzt zitiert mit Namen der Briefschreiber oder Briefadressaten mit dem Briefdatum.

Die Theodor-Storm-Gesellschaft

Dass es das Storm-Museum und das Storm-Archiv gibt, ist wesentlich der Theodor-Storm-Gesellschaft und ihren Mitgliedern zu verdanken (z. Zt. 1000 Mitglieder). Sie haben die beiden weltweit anerkannten Institutionen geschaffen und unterhalten sie. Außerdem haben sie dafür gesorgt, dass das Bild von Storm als „Heimatdichter" sich weiterentwickelt hat, so dass Storm heute zu den bedeutendsten Repräsentanten des deutschen poetischen Realismus gezählt wird, von dem Thomas Mann gesagt hat: „Er ist ein Meister, er bleibt."

Jeder kann Mitglied der Theodor-Storm-Gesellschaft werden. Werden auch Sie Mitglied! Der Jahresbeitrag beläuft sich auf € 30,00, für Ehepaare € 45,00, Schüler und Studenten € 16,00. Postkarte oder Anruf an das Sekretariat der Storm-Gesellschaft genügen. Adresse: Theodor-Storm-Gesellschaft im Storm-Haus, Wasserreihe 31, 25813 Husum, Tel.: 04841/8038630, E-Mail: info@storm-gesellschaft.de

Die Mitglieder haben folgende Vergünstigungen:

- sie haben freien Eintritt ins Storm-Haus, ins Museum und ins Archiv
- sie erhalten die „Schriften der Theodor-Storm-Gesellschaft" kostenlos
- sie werden durch die „Mitteilungen aus dem Storm-Haus" über das Neueste auf dem Büchermarkt, im Museum und im Archiv unterrichtet.
- Die Mitglieder der Storm-Gesellschaft und die Storm-Freunde aus aller Welt treffen sich im September jeden Jahres zu einer „Storm-Tagung" (Vorträge, Berichte, Gespräche, Exkursionen).

Präsidium der Storm-Gesellschaft: (ehrenamtlich): Prof. Dr. H. Detering (Präsident, Universität Göttingen), Dr. Demandt (Sekretär, Husum), Prof. Dr. K. E. Laage (Ehrenpräsident, Husum), Prof. Dr. D. Lohmeier (Vizepräsident, Kiel), O. Küter (Rechnungsführer, Husum); Beisitzer: Prof. Dr. G. Eversberg (Münster), Dr. M. Stein (Hamburg), Dr. R. Fasold (Heiligenstadt), Dr. J. Lefebvre (Wesselburen), Dr. G. Radecke (München); außerdem: der Bürgermeister der Stadt Husum. Angestellt von der Storm-Gesellschaft: als Bibliothekarin bzw. Sekretärin Frau E. Jacobsen, drei Museumsaufsichten und Reinigungskräfte. Ehrenamtliche Helfer und Führungen durchs Museum: weitere fünf Personen.

Das Storm-Archiv

Die Anfänge des Storm-Archivs gehen auf die Erklärung des Sekretärs der Gesellschaft Rektor Carl Laage anlässlich der Mitgliederversammlung der Storm-Tagung von 1950 zurück, wo dieser erklärte, dass der Aufbau eines „Archivs zur Unterstützung der Stormforschung" eine der vordringlichsten Aufgaben der Gesellschaft sei. Die schnelle Entwicklung des Archivs zeigt sich darin, dass das Archiv im Nissenhaus, also bis 1971, nur wenige Regale umfasste, im Storm-Haus ab 1972 in einem kleinen Zimmer (Nr. 8). ab 1985 in zwei Zimmern (Nr. 2 und 3) und von 1995 bis 2004 in einer Wohnung im „Fischergang" Nr. 4) untergebracht werden musste.

Im Juni 2006 war dann der große Tag: Das Storm-Archiv konnte in ein eigenes Haus umziehen, in das Nachbarhaus des Storm-Museums, in das Haus Wasserreihe 35. Die Stadt Husum übergab an diesem Tag dem Präsidenten der Storm-Gesellschaft Prof. Dr. Detering und dem Sekretär Dr. Eversberg das Haus. Mit dem Storm-Museum, dem Storm-Garten und dem Storm-Archiv ist eine Einheit geschaffen, wie man sie in der literarischen Welt nur selten findet.

Das Husumer Storm-Archiv ist das Zentrum der Storm-Forschung. Hier werden wissenschaftliche Untersuchungen, Brief-Editionen, Werk-Editionen vorbereitet und erarbeitet. Hier werden Fragen von Storm-Forschern und Storm-Interessierten beantwortet. Hier wird Archiv-Arbeit geleistet. Im Haus stehen dem Wissenschaftler und dem Stormfreund alle bekannten Storm-Materialien zur Verfügung:
In der unteren Etage: Ämtliche Storm-Literatur (Werke, Untersuchungen) mit den dazugehörigen Karteien; außerdem ein Bild-Archiv (etwa 20.000 Abbildungen, Dias und Dokumente) und – im Tresor – die von Storm hinterlassenen Handschriften (z. B. die Gedichte an Bertha von Buchan und die „Concepte" zum „Schimmelreiter", die Handschriften zahlreicher Novellen, u. a. der Novellen „Pole Poppenspäler", „Schweigen", „Renate" und „Eekenhof").
In der oberen Etage: Storms persönliche Bibliothek. Außerdem: Arbeitsräume, Karteien und Handbücher, Literatur von und zu befreundeten Dichtern wie Theodor Fontane, Paul Heyse, Klaus Groth etc.
In der Bodenetage: Die Musikabteilung mit Noten, Film-, Musik-Kassetten (Es gibt allein 2000 Vertonungen Stormscher Gedichte!).

Eine Bibliothekarin steht dem Archivbenutzer mit Rat und Tat zur Seite. Natürlich gibt es Kopiermöglichkeiten. Aber eine Voranmeldung ist erwünscht.

Das Storm-Haus und das Storm-Archiv, beide Einrichtungen, wie sie sich anschließen an Storms Garten, bilden zusammen das Storm-Zentrum. Näheres über das Storm-Archiv und das Archiv-Haus, seine Entstehung und seine Geschichte wird demnächst in einer gesonderten Darstellung (mit entsprechenden Hinweisen auf die wichtigsten Handschriften, Bücher, Bilder usw.) vorgestellt.

Dank

Mein Dank geht heute, anlässlich des 40-jährigen Bestehens des Storm-Museums, an alle, die mir beim Aufbau und Ausbau des Hauses und beim Erstellen der Jubiläumsschrift geholfen haben, besonders den Nachkommen des Dichters und den in der Storm-Gesellschaft zusammengeschlossenen Stormfreunden.
Mein Dank geht auch an die Leiter und Mitarbeiter des Storm-Archivs (auch für die Veröffentlichungsgenehmigung der Abbildungen), des Stadt- und Kreisarchivs in Husum, des Landesarchivs in Schleswig und der Landesbibliothek in Kiel. Ein besonderer Dank gebührt dem Präsidenten der Storm-Gesellschaft Prof. Dr. Heinrich Detering und dem Verlagsleiter des Boyens Buchverlages Bernd Rachuth, die bei der Konzeption des vorliegenden Bandes wertvolle Anregungen gegeben haben. Dank auch dem Boyens Buchverlag in Heide, der Jahrzehnte hindurch meine Bemühungen um Storm und sein Haus in der Wasserreihe unterstützt hat.

Rundgang
durch das Storm-Haus

mit Bildern und Erläuterungen

Mit dem „Rundgang", seinen Abbildungen und Erläuterungen, werden die Leser des vorliegenden Bandes und die Besucher des Storm-Museums auf charakteristische Räume und besondere Details des Dichterhauses aufmerksam gemacht. In seiner Kurzform kann der „Rundgang" auch als Museumsführer oder als Erinnerung an den Besuch des Museums benutzt werden (Zimmernummern wie im Grundriß auf der Rückseite des Buchumschlags und im Haus selbst angegeben).

Der Eingangsbereich des Storm-Hauses

Das Treppenhaus mit dem Treppenlauf und den feingliedrigen Sägeornamenten, mit den Türen und Türschlössern stammt aus der Zeit der Erbauung des Hauses um 1730.

„Viola tricolor"-Zimmer

Dieses von Storm als „grün" beschriebene Zimmer (Nr. 1) hat eine lange Geschichte:
um 1730 Verkaufsdiele und Ausschank der Branntweinbrenners Hans Cosmus (Erbauer des Hauses);
um 1830: Umbau zu einem Wohnzimmer durch den Zichorienfabrikanten Peter Christian Schmidt (aus dieser Zeit stammen die drei Zweiflügel-Türen im neoklassizistischen Stil);
1866–1867/68: Wohnzimmer der Dichterfamilie;
1868: Umzug in die obere Etage und Vermietung der unteren Etage;
1873: Schauplatz in der Stiefmutter-Novelle „Viola tricolor".

Ausstellung „Theodor Storm – Leben und Werk“

In den Kontorräumen (Nr. 2 und 3) des alten Kaufmannshauses findet der Museumsbesucher heute Ausstellungen zum Thema „Theodor Storm: Leben und Werk" (1817–1888). Jede Lebens- und Schaffensperiode ist illustriert durch Auslagen in einer Vitrine und mit entsprechenden Wandbildern.

Hier: Zwei ausgesuchte Ausstellungsstücke:

1. Flugblatt (oben) aus dem Jahre 1851/52 (kolorierte Lithographie von Wiesnewski und Hecht): „Entlassene Schleswig-Holsteiner von befreundeten deutschen Brüdern aufgenommen". Auch Storm musste seine Heimat verlassen; der dänische König hatte seine Bestallung als Rechtsanwalt aufgehoben, weil Storm „seine schleswig-holsteinische Gesinnung durch Unterschrift illoyaler Adressen und Renitenz wider die Obrigkeit mannigfalt manifestiert hatte".

2. Die im Biedermeierstil bemalte „Sonntagstasse" von Storms Frau Constanze (unten).

Die Landvogtei

Die „Landvogtei" (Nr. 4), das Kontor des Landvogts, lag (das war vorgeschrieben) im Hause des Amtsinhabers. Storm war seit seiner Rückkehr aus dem Exil „Landvogt" des Landkreises Husum (1864–1867). Als solcher war er – wie er Pietsch mitteilte (30.4.1864) – „Obervormund, Polizeimeister, Kriminal- und Zivilrichter".

Das Kontor wurde Ende 1867 aufgelöst (Storm wurde Amtsrichter). Es ist hier mit alten Möbeln (aus der Zeit um 1840/50) rekonstruiert nach Angaben in Storms Briefen und in seiner Novelle „Draußen im Heidedorf". Einblick in die Tätigkeit des Landvogts gewähren Auszüge aus den damaligen „Protokollbüchern" der Landvogtei, die erhalten sind (Landesarchiv Schleswig). Der Schriftzug „Landvogtei" ist dem Protokollbuch entnommen.

Flur in der oberen Etage

Der Treppenaufgang und das Treppengeländer mit den feingliedrigen Sägeornamenten stammen aus der Zeit der Erbauung des Hauses (1730).
Ölgemälde an der Wand: Theodor Storm 1884, gemalt von Marie von Wartenberg.

Die Geschirrstube

In der sog. Geschirrstube des alten Kaufmannshauses (Nr. 6) wurde früher das Porzellan aufbewahrt, das bei festlichen Anlässen im direkt anschließenden „Saal" benutzt wurde.

In der Vitrine oben: Einzelstücke des 40-teiligen alten, um 1760 aus Kanton (China) eingeführten Porzellans der Storm-Woldsen-Familie.
Zweites Bord von unten: Fayence-Terrine aus Amsterdam von 1784, die auf die engen Verbindungen zwischen den Niederlanden und Nordfriesland aufmerksam macht (vgl. z. B. in Storms Novelle „Aquis submersus").

Das Wohnzimmer der Familie

Dieser sog. „Saal" des alten Kaufmannshauses (Nr. 7) mit seinen geschnitzten Rokoko-Türen, den eichenen Balken der Decke und den breiten Bohlen des Fußbodens stammt aus der Zeit der Erbauung des Kaufmannshauses (~1730). Dieser Raum war das Wohnzimmer der Familie Storm (1866–1880). Die Biedermeier-Möbel und Wandbilder sind original aus der Stormzeit erhalten. Am ovalen Sofatisch trank die Familie – wie die Tochter Gertrud berichtet hat – gewöhnlich den Nachmittagstee; vom Sofa aus las Storm häufig aus neu geschaffenen Werken vor.

Das Sofa mit dem „Jagdstückchen", einer „Hirschjagd" auf der „Rücklehne", beschreibt Storm in der Novelle „Drüben am Markt". Es symbolisiert die vornehme Patrizierwelt, die dem „Doktor", dem Sohn einer „Schneiderswitwe", unerreichbar ist.

Das kleine Wohnzimmer

In der Mitte der Längswand des Zimmers (Nr. 9) steht Constanze Storms Schreibtisch, und an der Wand hängen die farbigen Kupferstiche zu dem Roman „Paul et Virginie", die Storm stark beeindruckt haben und die u. a. in der Novelle „Drüben am Markt" eine Rolle spielen (vgl. auch Abb. 21, S. 61).

Theodor Storms Schreibtisch (von 1887)

Der Schreibtisch, den die „Kieler Damen", Verehrerinnen des Dichters, Storm zum 70. Geburtstag geschenkt haben, ist ein Denkmal für sich. Er stammt aus der berühmten Werkstatt des Flensburger Möbelfabrikanten H. Sauermann, dessen Möbelstücke auf den Weltausstellungen in Chicago (1893) und Paris (1900) bestaunt wurden. Der Schreibtisch ist hergestellt unter Mitwirkung des später berühmt gewordenen Malers Emil Nolde (er selbst schreibt in seinen Memoiren, dass er „die vier tiefsinnigen Eulen" geschnitzt habe).

Hier, an diesem Schreibtisch, hat Theodor Storm am 9. Februar 1888 die Novelle „Der Schimmelreiter" vollendet.

Ausstellung zur Novelle „Der Schimmelreiter“

In dem ursprünglichen Kinderschlafzimmer (Nr. 10) und in der Küche der Dichterwohnung (Nr. 11) ist die Ausstellung untergebracht, die den Besucher mit den Quellen, der Entstehungsgeschichte, den Schauplätzen und der Geschichte des Deichgrafen Hauke Haien der Novelle „Der Schimmelreiter“ bekanntmacht. Hier sind zwei Dokumente aus der Ausstellung abgebildet.

Oben:
Der Titel der Zeitschrift „Danziger Dampfboot“, in der 1838 zum ersten Mal die Geschichte vom „gespenstigen Reiter“ erschienen ist, die Storm zu seiner „Schimmelreiter“-Novelle angeregt hat.

Unten:
Gemälde des Malers Alex Eckener (1941): „Der Schimmelreiter im Sturm auf dem Außendeich“.

№ 45.

Sonnabend, am 14. April 1838.

Von dieser der Unterhaltung und den Interessen des Volkslebens gewidmeten Zeitschrift erscheinen wöchentlich drei Nummern. Man abonnirt bei allen Postämtern, welche das Blatt für den Preis von 22½ Sgr. pro Quartal aller Orten franco liefern und zwar drei Mal wöchentlich, so wie die Blätter erscheinen.

Danziger Dampfboot

für

Geist, Humor, Satire, Poesie,
Welt- und Volksleben, Korrespondenz, Kunst, Literatur und Theater.

Das „Poetenstübchen“

Oben links: Der im Biedermeierstil gehaltene Mahagoni-Bücherschrank mit den Büchern aus Storms Bibliothek ist original aus dem Nachlass erhalten.

Oben rechts: Blick in die hintere Ecke des Dichterzimmers. Rechts: Der auf Storms Veranlassung eingebaute Bücherwandschrank (mit Büchern aus seiner Bibliothek); links davon: Bildergeschenke seines Freundes Wilhelm Petersen.

Sein Arbeitszimmer (Nr. 12) hat Storm beim Umbau seines Hauses und beim Umzug in die obere Etage (1867/68) an die äußerste Ecke seines Hauses verlegt, neben dem neu geschaffenen Eingang bzw. Ausgang in den Garten. Er hat das sog. „Poetenstübchen“ so gestaltet (er selbst sagt: so „gedichtet“), wie es heute erhalten ist: In dem damals höchst modernen neugotischen Stil, mit geschnitzter Balkendecke, mit roten Wänden und guten Kupferstichen, mit einem eingebauten Wandschrank und mit der einige Jahre zuvor in Husum eingeführten Gasbeleuchtung.